ELLINOR SIRÉN

LIMPIEZA ECO
CON EKOTIPSET

TRADUCCIÓN DE AMANDA MONJONELL & DEA MARIE MANSTEN,

ÍNDICE

PRÓLOGO

Cuando mis hijos eran pequeños me hice cada vez más consciente del impacto de los productos químicos nocivos en nuestro organismo y en el medio ambiente, y comencé a reflexionar sobre los problemas ambientales y climáticos. Sin embargo, era muy complicado prescindir de ellos y encontrar buenas alternativas. Además, las opciones ecológicas que existían en el mercado, por lo general, eran muy caras.

Recopilé muy buenos consejos cuando me uní a varios grupos de Facebook orientados al medio ambiente, y empecé a estudiar sobre el tema. Al principio, compartí los consejos con mis seguidores en mi cuenta privada de Instagram, pero la respuesta fue muy pobre. Luego se me ocurrió la idea de comenzar una cuenta separada solo para esto, para poder dar consejos sin parar. En 2015, abrí la cuenta con el nombre obvio de Ekotipset.

La cuenta creció gradualmente a un ritmo bastante constante. Recuerdo que en dos semanas obtuve 1000 seguidores más, lo que me impresionó mucho. Instagram en aquel entonces no era lo mismo que hoy, y en ese momento no había tantas cuentas grandes. ¡Nunca me habría imaginado que pudiera tener mi cuenta de Instagram como trabajo! Ekotipset era algo que hacía en mi tiempo libre ¡porque simplemente no podía evitarlo!

En el otoño de 2017 ya tenía 17.000 seguidores, ¡lo que era una locura! Mi cuenta de Instagram se convirtió en una empresa y, pronto, Ekotipset fue mi trabajo a tiempo completo. Todo transcurrió a un ritmo desenfrenado… ¡un sueño!

En la primavera de 2020 sucedió algo inesperado. El mundo se vio afectado por la pandemia de la COVID-19 y Ekotipset creció repentinamente con miles de nuevos seguidores al día, mes tras mes. Los consejos de mi cuenta se extendieron como la pólvora, y tan pronto como abría mi Facebook, veía preguntas en diferentes grupos que eran respondidas con «Ekotipset en Instagram te muestra cómo hacer esto», y también «¡Prueba el limpiacristales de Ekotipset!». No se trataba solo de grupos centrados en el medio ambiente o en la limpieza, sino de cualquier tipo.

Las ventas de bicarbonato y vinagre de alcohol aumentaron explosivamente en toda Suecia, y los supermercados comenzaron a colocar letreros con mis consejos y animaban a seguir la cuenta de Ekotipset en Instagram. La televisión, la radio y los periódicos comenzaron a ponerse en contacto conmigo y honestamente puedo decir que no entendía nada. Por supuesto, fue muy divertido y halagador, pero al mismo tiempo un poco aterrador. No soy ese tipo de persona a la que le gusta sentarse en un plató de televisión y mostrar consejos, de hecho, ¡es lo peor que se me puede ocurrir!

Sin embargo, una de las cosas que realmente aprecio es la gran respuesta que recibo de mis seguidores. ¡Es increíblemente divertido! Y como muchas personas me han pedido un libro de limpieza…, ¡aquí está!

En el libro ofrezco soluciones a problemas de limpieza cotidianos, pero de los que no siempre se suele hablar. Muchos consejos de la abuela se han olvidado, pero son increíblemente valiosos, y, realmente, merecen una mayor difusión. Como, por ejemplo, cómo lidiar con un colchón infantil con manchas de orina usando bicarbonato. Otros consejos los he descubierto yo misma, o mis seguidores, después de un poco de experimentación. Cómo quitar las manchas en el sofá de sangre seca de una perra en celo o cómo limpiar una puerta de horno mugrienta para que parezca como nueva. Hay muchos elementos que se pueden salvar con medios simples, económicos y respetuosos con el medio ambiente.

También comparto mis mejores consejos sobre rutinas de limpieza para mantener el hogar razonablemente limpio y ordenado, con horarios claros para la limpieza semanal y la limpieza anual a fondo. Y trucos para una limpieza más superficial, a la que recurrir ante visitas espontáneas, cuando tienes poco tiempo. También he recogido algunos consejos extra que pueden no tener que ver con la limpieza, pero que tienen que incluirse en el libro.

Mi esperanza es que todos puedan sacar algo de este libro, ya seas un perfeccionista amante de la lejía, un joven de 18 años que nunca ha tocado un estropajo y acaba de mudarse a su primer apartamento sin lavavajillas, o una mamá o papá de niños pequeños con falta de   tiempo y de energía, pero con un gran desorden alrededor. Espero que tú, que me sigues en Instagram, encuentres más fácilmente los consejos y recibas inspiración y nuevas ideas en este libro.

Sin embargo, el propósito del libro no es que tú logres un hogar perfectamente limpio. Tampoco que sigas al pie de la letra mis consejos y horarios de limpieza. Intenta encontrar lo que funciona para ti y adapta los consejos a tus necesidades y condiciones.

Nadie es perfecto e, incluso yo, también olvido mis rutinas de limpieza. Porque a pesar de que me encanta tener una casa pulcra y ordenada (y en realidad soy bastante buena limpiando, si se me permite decirlo), mi casa no siempre está en las mejores condiciones posibles. Paso de ser una persona descuidada que lo pospone todo, a ser una maníaca pedante del orden. Va a temporadas y, a veces, pasa bastante tiempo entre limpieza y limpieza.

¡Pero con una nueva inspiración, puedes obtener la energía para comenzar de nuevo! Y ahí espero que mi libro pueda ayudarte con una limpieza un poco más divertida e inteligente, sin sobrecargar ni el medio ambiente ni la economía familiar. Haz lo que yo y muchos de mis seguidores hacemos: ¡Atrévete a experimentar! Piensa en todos los consejos increíbles que han surgido de experimentos inesperados. Por ejemplo, ¿quién fue el primero en probar el viejo consejo de la abuela de limpiar la vitrocerámica con terrones de azúcar? ¿Y cómo se le ocurrió a alguien hacer un filtro para la ventana con kéfir?

¿Quién sabe qué nuevas ideas brillantes te esperan?

RECETAS PARA PRODUCTOS DE LIMPIEZA

JABÓN DE ACEITE DE LINAZA

VINAGRE DE ALCOHOL

BICARBONATO

JABÓN

Para comenzar con tu limpieza sostenible, se requiere, ante todo, de ciertos productos. Afortunadamente, los hay baratos y respetuosos con el medio ambiente y son tan efectivos que no se pueden comparar con los productos de limpieza convencionales.

Nunca he usado un limpiacristales que te deje las ventanas tan transparentes como mi receta de limpiacristales, también llamado remedio milagroso (agua, vinagre de alcohol y un poco de lavavajillas líquido). Y mi fregadero nunca ha estado tan brillante y limpio como cuando lo he fregado con bicarbonato. Obtener resultados tan sorprendentemente buenos con lo que ya tienes en casa, y con productos que no son dañinos para el medio ambiente, es muy satisfactorio.

En las primeras páginas de este capítulo encontrarás los productos que es bueno tener en casa y que son necesarios para muchos de los trucos que se ofrecen en el libro. Al final del capítulo encontrarás todas las recetas para los productos de limpieza.

LO QUE HAY QUE TENER EN CASA

VINAGRE DE ALCOHOL

El vinagre de alcohol es bactericida, deja las superficies brillantes y neutraliza los malos olores. Es perfecto para el limpiacristales casero ya que la superficie queda increíblemente transparente. El vinagre de alcohol también es muy eficaz contra la cal y es fácil de usar para desincrustar hervidores de agua y cafeteras. No uses el vinagre de alcohol sobre mármol y piedras naturales, son materiales sensibles al ácido.

En Suecia hay dos concentraciones de vinagre de alcohol, uno más concentrado (24 %) y otro más débil (12 %). Ambos tienen sus pros y sus contras. El más concentrado es más barato porque está más concentrado y no hace falta tanta agua. Pero el vinagre de alcohol es corrosivo y puede causar daños si se ingiere o entra en contacto con la piel o con los ojos. El menos concentrado puede provocar irritación, pero es relativamente inofensivo si, por ejemplo, un niño ingiere un solo sorbo. Por lo tanto, recomiendo usar el vinagre de alcohol del 12 %, (mi receta de limpiacristales milagroso tiene una concentración del 4-5 %).

Consejos con vinagre de alcohol, ver páginas 64, 82, 119, 136.

¡OJO! Manipula siempre el vinagre de alcohol y sus mezclas con precaución, y mantenlo fuera del alcance de los niños. Para obtener más información, ponte en contacto con el Servicio Médico de Información Toxicológica.

BICARBONATO

El bicarbonato es realmente algo mágico. Es el mejor amigo del fregadero de acero inoxidable. El bicarbonato también neutraliza los malos olores y, por lo tanto, es perfecto para la «limpieza en seco» respetuosa con el medio ambiente. Las alfombras con manchas de orina pierden el mal olor con el bicarbonato, y las suelas de los zapatos sucias y las juntas de los azulejos se vuelven blancas de nuevo.

Consejos con bicarbonato, ver páginas 74, 148, 151, 170.

JABÓN DE ACEITE DE LINAZA

Mi jabón favorito es definitivamente el jabón de linaza, también llamado jabón de aceite de linaza. Es extremadamente efectivo, apenas hace falta frotar, y la suciedad desaparece con facilidad. Además, no irrita la piel. El jabón de linaza es un poco como el aceite de coco de los limpiadores. ¡Se puede usar para todo! Limpieza de suelos, tratamiento superficial de suelos, limpieza en cocinas y baños, limpieza de pinceles y detergente (algunos incluso lo usan como jabón de manos). El jabón de aceite de linaza limpia muy bien los suelos, pero también ayuda a suavizar el tono del color de los suelos de parqué de madera desgastados. Por lo general, suelo mezclar el jabón de aceite de linaza con agua para crear un espray y lo almaceno en una botella con pulverizador para una limpieza más fácil. Sin embargo, no se debe usar el jabón de aceite de linaza en ventanas, cristales y espejos, ya que deja una superficie ligeramente grasienta.

El jabón de aceite de linaza es muy duradero y huele maravillosamente a pesar de que no se le agregue ningún perfume. En mi opinión, huele a fresco, como a pepino y melón (pero no lo huelas directamente en el envase, ese olor es completamente diferente). El encantador aroma desaparece bastante rápido al limpiar, pero cada vez que se ventila la casa, se nota el olor mágico y fresco otra vez. También hay jabón de aceite de linaza perfumado, pero yo prefiero la fragancia maravillosa y natural del jabón de aceite de linaza, por lo que siempre elijo la variante sin perfume.

Consejos con jabón de aceite de linaza, ver páginas 31, 33, 114.

ACEITE DE COCO ECOLÓGICO

El aceite de coco es antibacteriano y, por lo tanto, muy adecuado para tratar tablas de cortar y utensilios de cocina hechos de madera. También se puede usar para eliminar el pegamento en frascos de vidrio y los residuos de las pegatinas de los niños.

Consejos con aceite de coco, ver páginas 94, 98, 125, 126.

PAÑOS DE MICROFIBRA, CON ECOETIQUETA

Los paños de microfibra desafortunadamente están fabricados de poliéster, pero hasta ahora no he encontrado ninguna alternativa que dé resultados igual de buenos. La ventaja de ellos es que son lavables, duran una eternidad y dejan la superficie brillante y limpia. Son perfectos para limpiar (en seco) las superficies polvorientas, ya que el polvo, en realidad, termina en el paño de microfibra en lugar de simplemente removerse. Tira el polvo a la basura, no lo tires por el desagüe. Las depuradoras de agua tienen dificultades para purificar el agua que contiene el polvo que absorbe productos químicos nocivos.

PAÑO DE ESPONJA DE CELULOSA Y ALGODÓN

Creo que los paños de esponja de celulosa y algodón (tipo Wettex) son inmejorables para limpiar las mesas del comedor y la limpieza diaria de la encimera de la cocina. Son fáciles de usar y dejan la superficie casi seca de inmediato. Lava el paño hirviéndolo durante unos minutos con un poco de lavavajillas líquido, y se mantendrá fresco durante mucho tiempo.

LAVAVAJILLAS LÍQUIDO

Además de usar lavavajillas líquido para fregar los platos a mano, es un ingrediente importante para el limpiacristales milagroso. (ver página 16). El lavavajillas líquido también funciona muy bien para el tratamiento de manchas de grasa. (ver página 135). Suelo elegir el lavavajillas líquido que tenga ecoetiqueta, incoloro y no perfumado. En la página 92 encontrarás consejos sobre cómo almacenar el lavavajillas líquido con estilo.

TERRONES DE AZÚCAR

Los terrones de azúcar son fantásticos para quitar, por
ejemplo, grasa quemada o manchas imposibles en la
vitrocerámica, las bandejas de horno y las cacerolas, y
sin rallarlos. También se pueden usar para eliminar las
manchas de cal en el inodoro, el lavamanos, la ducha y la
bañera. Usa terrones de azúcar normales y no terrones de
azúcar de disolución rápida.

Consejos con terrones de azúcar, ver páginas 61, 70, 71, 77.

RASCAVIDRIOS

Con un rascavidrios puedes eliminar fácilmente la grasa
quemada de la puerta y el interior del horno y de la
vitrocerámica. También es perfecto cuando quieras
quitar delicadamente restos adheridos de superficies
planas como las salpicaduras de pintura y pegamento, la
cera solidificada, las manchas secas de masa de pan, así
como la cal de la mampara de la ducha cuando nada funciona, rascando siempre con cuidado. Para asegurarte de
que la superficie no se raya, prueba primero, con un poco
de cuidado, en un lugar menos visible.

ESTROPAJO DE BOLA DE ACERO

INOXIDABLE O DE COBRE

El estropajo de bola de acero inoxidable/cobre, es una
pequeña bola de alambre de metal que es perfecta para
limpiar manchas difíciles y alimentos quemados. Junto
con un poco de lavavajillas líquido, es perfecto para
eliminar el pegamento de las etiquetas de los frascos de
vidrio.

ESPRAY DE
JABÓN DE LINAZA
LIMPIA-
CRISTALES
VINAGRE
DE ALCOHOL

1. LIMPIACRISTALES/ REMEDIO MILAGROSO

LAS TRES
RECETAS MÁS
UTILIZADAS
EN EL LIBRO

NECESITAS

- Vinagre de alcohol (12%), 2 dl
- Lavavajillas líquido (preferiblemente con ecoetiqueta), alrede- dor de 5 gotas
- Agua, 3 dl
- Botella con pulveri- zador vacía (prefe- riblemente reutilizar una botella de cristal vacía + una boquilla de pulverización vieja)

Aquí tienes la receta para el limpiacristales milagroso increíblemente efectivo, que también es un espray de limpieza multisuperficies. ¡Con este espray llegarás lejos!

Lee más sobre el vinagre de alcohol en la página 10.

PASOS A SEGUIR

1. Vierte todos los ingredientes en la botella.

2. Coloca la boquilla de pulverización y agita ligeramente.

3. ¡Listo!

Consulta las páginas 68, 81, 120, 156, 161 para obtener algunos de los consejos sobre cómo utilizar el limpiacrista- les/remedio milagroso.

¡OJO! Asegúrate de que la boquilla de pulverización expulsa un haz y no una «nube» de pequeñas gotas. Entonces huele menos a vinagre y no tienes que inhalar el espray. Asegú- rate de manejar el vinagre de alcohol con cuidado y vigila con los ojos. El vinagre de alcohol no debe ser utilizado en piedra natural ya que el ácido provoca manchas. Mantén el espray fuera del alcance de los niños

2. ESPRAY DE JABÓN DE ACEITE DE LINAZA

RECETAS PARA PRODUC-TOS DE LIMPIEZA

El espray de jabón de aceite de linaza es un buen complemento para el limpiacristales milagroso. Huele mucho mejor, se puede utilizar sobre piedra natural y no reseca la madera. Protege la superficie y deja una película protectora. Por lo tanto, no es adecuado para superficies no porosas, pero es perfecto para la madera. A menudo alterno el espray de jabón de aceite de linaza con el limpiacristales en la limpieza diaria.

PASOS A SEGUIR

1. Vierte los ingredientes en una botella de espray vacía, coloca la boquilla de pulverización y agita ligeramente.
2. ¡Listo!

Consulta la página 11 para obtener consejos sobre los diferentes usos.

NECESITAS

- Linsåpa, 2 dl
- Vatten, 3 dl

3. PASTA DE BICARBONATO

RECETAS PARA PRODUC-TOS DE LIMPIEZA

La pasta de bicarbonato es perfecta para limpiar, por ejemplo, zapatillas de deporte y juntas de azulejos. Puedes preparar una cantidad más grande en un frasco con tapa y guardarlo. Después de algún tiempo, la pasta puede secarse, pero entonces solo con agregar un poco de agua, podrás usarla de nuevo.

PASOS A SEGUIR

1. Vierte los ingredientes en un frasco con una tapa de cierre hermético.
2. Mezcla bien y coloca la tapa.
3. ¡Listo!

Consulta las páginas 75, 118, 122, 148, 172 para obtener algunos de los consejos sobre cómo utilizarla.

NECESITAS

- Bicarbonato de sodio, 2 partes (por ejemplo, 2 dl))
- Agua, 1 parte (por ejemplo, 1 dl)

TOALLITAS MILAGROSAS PARA EL INODORO

NECESITAS

- Limpiacristales milagroso, alrededor de 5 dl (ver página 16)
- Toallitas para bebé
- Fiambrera o bote con tapa hermética

Si no quieres utilizar trapos reutilizables para el inodoro, estas toallitas empapadas en el limpiacristales/remedio milagroso son perfectas para una limpieza sencilla. Después de su uso, tira las toallitas a la papelera del baño. Ayudan a neutralizar los olores gracias al vinagre de alcohol. Las toallitas también se pueden utilizar para la limpieza rápida de otras superficies en el hogar, pero no sobre piedra natural.

PASOS A SEGUIR

1. Dobla las toallitas de papel (preferiblemente una dentro de la siguiente) y colócalas una a una en el bote.

2. Añade el limpiacristales para humedecer las toallitas.

3. Presiona con fuerza sobre las toallitas con la parte posterior de una cuchara o la parte inferior de una taza, y quita el líquido sobrante para que las toallitas no se humedezcan demasiado. (Utiliza el sobrante para, por ejemplo, descalcificar el hervidor de agua directamente, o añade más toallitas). Coloca la tapa.

4. ¡Listo!

Las toallitas tienen una larga vida útil gracias al efecto conservador del vinagre de alcohol.

TOALLITAS MILAGROSAS LAVABLES

A veces, es fácil usar toallitas de limpieza para hacer una limpieza rápida. Son perfectas cuando quieres limpiar, por ejemplo, los espejos y el lavamanos en el baño que se ensucian muy rápido. También me gusta mucho repasar las molduras sucias, las manijas de las puertas y las barandillas de las escaleras.

Estas toallitas milagrosas son lavables y se pueden usar una y otra vez.

PASOS A SEGUIR

1. Dobla las toallitas de tela (preferiblemente una dentro de la siguiente) y colócalas una a una en el bote.

2. Añade el limpiacristales para humedecer las toallitas.

3. Presiona con fuerza sobre las toallitas con la parte posterior de una cuchara o la parte inferior de una taza, y quita el líquido sobrante para que las toallitas no se humedezcan demasiado. Utiliza el sobrante para, por ejemplo, descalcificar el hervidor de agua directamente, o añade más toallitas. Coloca la tapa.

4. ¡Listo!

Las toallitas tienen una larga vida útil gracias al efecto conservador del vinagre de alcohol.

NECESITAS

- Limpiacristales milagroso, alrededor de 5 dl (ver receta en la página 16)

- Toallitas de tela de algodón, por ejemplo, recortes de sábanas o paños de cocina limpios

- Fiambrera/bote con tapa hermética

¡**OJO!** No confundas estas toallitas con las toallitas húmedas caseras para niños, en caso de tenerlas. Marca bien los botes para no equivocarte.

SUAVIZANTE INOCUO AL MEDIO AMBIENTEL

NECESITAS

- Vinagre de alcohol 12 %, 2 dl
- Agua, 3 dl
- Aceite esencial ecológico, alrededor de 10 gotas, opcional
- Botella

El vinagre de alcohol es una alternativa al suavizante, inocua al medio ambiente y a la salud. Hace que la ropa quede más suave, menos estática y elimina los malos olores. También ayuda a preservar los colores de las prendas y limpia la lavadora al mismo tiempo. Si quieres que la ropa huela muy bien, puedes agregar aceite esencial ecológico.

PASOS A SEGUIR

1. Mezcla todos los ingredientes en una botella.

2. Agita la botella antes de usar si has añadido aceite esencial, y vierte aproximadamente 2 cucharadas soperas del suavizante en el compartimiento del suavizante.

3. ¡Listo!

La ropa puede oler un poco a vinagre cuando está mojada, pero una vez que se seca, el olor desaparece.

AMBIENTADOR TEXTIL CON AGUA DE CONDENSACIÓN

¿Por qué gastar dinero en comprar agua de plancha/ambientador textil cuando es tan barato y fácil hacer el tuyo propio? Aprovecha el agua destilada de condensación de la secadora que de otro modo se habría desechado y agrega solo aceite esencial.

El ambientador textil se puede rociar sobre la ropa para refrescarla entre lavados (¡perfecto para airear la ropa!) y antes de planchar. El espray también se puede utilizar como un espray de fragancia natural en el hogar.

PASOS A SEGUIR

1. Filtra el agua destilada a través de un filtro de café para eliminar cualquier residuo de fibras textiles de la secadora.

2. Vierte el agua en el pulverizador y agrega el aceite esencial. Haz pruebas con el número de gotas dependiendo de lo concentrado que quieras el espray.

3. Coloca una boquilla de pulverización y agita la botella antes de cada uso.

4. ¡Listo!

Agita la botella antes de cada uso. El agua destilada no contiene ni sales metálicas ni microorganismos y, por lo tanto, extiende la vida útil del ambientador textil..

NECESITAS

- Agua destilada de la secadora, 2 dl

- Aceite esencial ecológico, 5-10 gotas

- Pulverizador (elige en este caso una boquilla de pulverización que proporcione un espray tipo «nube» para que se distribuya uniformemente).

PULVERIZADORES ELEGAN-TES DE BOTELLAS VIEJAS

Hago pulverizadores elegantes de cristal a partir de botellas recicladas de vinagre de alcohol o botellas de sirope, junto con boquillas de pulverización recicladas. A menudo, las boquillas de pulverización de productos de limpieza convencionales caben en estas botellas. Si no, se puede usar una boquilla de pulverización vieja de un pulverizador para plantas.

En las botellas pego etiquetas de pizarra negra y escribo con un rotulador permanente blanco. Cuando quiero cambiar el texto, elimino el texto con un poco de quitaesmaltes con ecoetiqueta. (También se puede usar tiza, pero, como las botellas se tocan mucho, el texto se borra rápidamente.)

¡@idawischnewski ha hecho aquí toda la familia de limpieza de Ekotipset!

¡Consejo! Lo mejor son las boquillas de pulverización que se pueden regular entre haz y «nube». Suelo usar el haz para evitar demasiado producto al rociar. Esto hace que huela menos a vinagre de alcohol al usar el limpiacristales milagroso. Sin embargo, la función «nube» puede ser ventajosa cuando se quiera distribuir el contenido, como, por ejemplo, al limpiar sofás (ver página 158)

Foto: @idawischnewski

ESPRAY DE JABÓN
DE ACEITE DE LINAZA

VINAGRE
DE ALCOHOL

BICARBONATO

 METALLIC MARKER

RUTINAS DE LIMPIEZA

En este capítulo doy consejos básicos sobre cómo hacer una buena limpieza y también consejos sobre el almacenamiento y cómo deshacerse de objetos innecesarios. Luego os ofrezco las rutinas para los diferentes tipos de limpieza, desde la limpieza anual a fondo hasta la limpieza superficial. Con listas de tareas claras que facilitan el control de la limpieza.

LIMPIEZA ANUAL A FONDO

¿Cuándo?

Creo que el mejor momento para la limpieza anual a fondo es antes del inicio de la escuela en otoño, y en primavera. Porque cuando comienza la vida cotidiana con la escuela, el trabajo, las actividades físicas, las reuniones de padres y demás, es más difícil llegar a todo. Y es muy agradable no tener que buscar las parejas de calcetines infantiles todas las mañanas. Mejor haber tirado todos los desparejados y rotos incluso antes de que comience el curso. (Hablando de calcetines, últimamente he decidido usar el mismo color y modelo de calcetines. Ahorra una gran cantidad de tiempo y si un calcetín está roto o falta, simplemente se empareja con otro).

Consejos para una limpieza más divertida

Limpiar mientras escuchas música, un podcast o un audiolibro hace que sea mucho más divertido. El podcast y el audiolibro son quizás los más adecuados para una limpieza más tranquila y al ordenar, mientras que la música es buena cuando se pasa el aspirador y hay más ruido. Otra cosa que puede hacer la limpieza más divertida es probar nuevos productos o métodos de limpieza respetuosos con el medio ambiente. Intenta que toda la familia participe en la limpieza, o, si vives solo, pídele ayuda a un amigo o pariente. Por alguna razón, siempre es más divertido limpiar en casa de otra persona, ¡así podéis ayudaros mutuamente haciendo rondas de limpieza!

¡Consejo! Busca en Spotify la lista de canciones de Ekotipset - Städmusik. ¡Es una lista de reproducción donde mis seguidores han reunido 103 horas completas de música que te ayudarán a limpiar con alegría!

Fotos del antes y después

Toma fotos del antes y del después. Poder ver el antes y el después es muy satisfactorio. Basta con mirar mi escritorio en las peores condiciones posibles. A menudo se convierte en una superficie para dejarlo todo, desde dibujos infantiles y facturas para pagar, hasta maquillaje que no cabe en el neceser. ¡Así no hay quien trabaje! Las imágenes son una manera perfecta de recordarte lo bien que puede quedar todo después de un poco de limpieza. ¡También puedes compartir las fotos con amigos para animarlos a hacer lo mismo!

ANTES:

DESPUÉS:

Haz una pausa y carga las pilas

No olvides hacer una pausa de vez en cuando. Yo misma soy
delas que podría seguir limpiando hasta caerme redonda, a
menudo es por miedo a tener dificultades para comenzar de
nuevo si paro un rato. Pero no es una solución sensata a largo
plazo. ¡Así que haz una pausa, descansa y come algo!

Cocina antes de la limpieza a fondo

Preparar mucha comida que se pueda calentar rápidamente es
una muy buena idea. Ensuciar toda la cocina es lo último que
quieres hacer en medio de la limpieza a fondo. En la página
42 encontrarás una receta perfecta que te ahorrará mucho
tiempo, energía y desorden durante la limpieza a fondo.

Ordena y tira con pensamiento minimalista

A menudo se dice que el almacenamiento es la clave
de un hogar organizado y limpio, pero en realidad
creo que lo más importante es ordenar y tirar. Cuantos
menos chismes innecesarios, menos almacenamiento se
necesita y más ordenado se mantiene. Pensar de forma
minimalista y solo tener lo que realmente quieres y usas

hace que toda tu vida, y sobre todo la limpieza, sea más fácil.

Es más fácil organizar un hogar con menos cosas y, además, se acumulará menos polvo. Aquí tienes algunos consejos para ordenar y tirar que, como hemos dicho, es una parte muy importante de la limpieza a fondo:

Resiste

Tirar puede ser realmente difícil porque, en general, no sabes qué cosas necesitarás en el futuro. Pero aquí creo que vale la pena ser un poco duro y pensar de manera realista. Sé que esto puede inducir un poco a la ansiedad, pero, por ejemplo, si no has usado un suéter durante dos años, probablemente tampoco lo harás en el futuro. Es mejor donarlo o venderlo a alguien que realmente lo aprecie. Se podría pensar así: «Si viera esto en una tienda hoy, ¿querría comprarlo?». Si la respuesta es no, deshazte de él.

Objetos nostálgicos

Cuando se trata de objetos nostálgicos, como viejos dibujos o figuras de arcilla de los niños, intenta elegir con cuidado cuáles guardar. Guardar grandes cantidades no hace felices a los niños cuando son pequeños ni cuando, finalmente, de adultos, heredan montañas de manualidades.

Que te ayude un amigo

Un consejo es solicitar la ayuda de un familiar o amigo capacitado para ordenar y tirar. Puede ayudarte a tener una perspectiva más realista. ¡Luego puedes hacer el mismo favor de vuelta!

¿Qué hacer con lo que no te sirve?

Hoy en día, hay muchas plataformas online que hacen que deshacerse de la ropa u otros objetos sea más fácil.

Hay empresas que te envían bolsas especiales para que las llenes con ropa u objetos para vender. Ellos luego se encargan de venderla y te cobran un porcentaje sobre las ganancias. ¡Muy práctico! Pero solo merece la pena con prendas de cierto valor, para que puedas obtener algún rendimiento significativo.

Otra opción pueden ser *apps* en las que subes fotografías de lo que ya no quieres (objetos, muebles y ropa) y ofreces una cantidad fija para que alguien venga a recogerlo y lo lleve a una tienda de segunda mano o a un punto verde. Los que quieran ganar algo de dinero no tardarán en acudir.

Los ***días de venta de ropa*** son una buena opción si quieres deshacerte de muchas prendas de ropa de poco valor a la vez (a menudo ropa de niños). Marca el precio de cada pieza y entrégala al organizador. Ellos codificarán todo lo que les entregas y luego intentarán venderte los artículos junto con la ropa de otras personas.

Después te abonarán el dinero por las prendas vendidas y te devolverán las prendas que no se vendieron. Otra opción son los ***días de intercambio de ropa.*** ¿Cómo encontrar este tipo de eventos? Introduce en el buscador de internet el área donde vives, así como las palabras clave «días de cambio/venta de ropa». A veces, también hay páginas en Facebook con información.

Los muebles son más fáciles de vender o donar en, por ejemplo, **Wallapop** o **Vinted** o en grupos locales de **compra y venta en Facebook**, con recogida por parte del comprador.

Las prendas y artilugios valiosos quizás se vendan mejor en páginas de subastas o en grupos de ventas específicos en Facebook u otras plataformas.

Si tú mismo vas a tirar los objetos voluminosos, hazlo en el punto verde o siguiendo la normativa y protocolos de tu municipio. Lee más sobre qué tirar en un punto verde en la página 110.

Las habitaciones, de una en una

Ordena y limpia una habitación antes de empezar con la siguiente. Mientras estés ordenando y decidiendo qué hacer con tus pertenencias sabrás que pronto al menos esa habitación estará completamente limpia y ordenada. Entonces la habitación limpia se convertirá en un oasis cuando comiences con la habitación de al lado. Así, no tendrás un caos en toda la casa con cajas, artilugios por todas partes y evitarás la sensación de desesperanza. Un consejo es comenzar con el dormitorio. Después de todo el trabajo podrás descansar adecuadamente en una habitación limpia y fresca.

Mantén la calma

Deja que la limpieza tome el tiempo que sea necesario y mantén la calma. Horas, días o semanas. Haz todo lo que puedas y tengas tiempo de hacer. Recuerda que tendrás tus habitaciones ya limpias para disfrutar, aunque no hayas acabado con toda la casa.

Recompénsate cuando hayas terminado

Además de disfrutar del resultado, puede estar bien recibir una recompensa después de todo el trabajo. Toma un baño caliente calmante con aceite de lavanda a la luz de las velas, o un baño relajante de pies con bicarbonato y aceite de lavanda (2 cucharadas soperas de bicarbonato y unas gotas de aceite de lavanda para 5 litros de agua tibia) mientras lees o ves la televisión. ¡Los pies quedan como nuevos! Y prueba mi receta de helado tremendamente bueno (y de hecho saludable) por la que he recibido muy buenos comentarios tanto de mayores como de niños. La receta la puedes encontrar al final del capítulo de «Rutinas de limpieza».

LISTA DE TAREAS: *HABITACIÓN POR HABITACIÓN*

1. ORDENA Y LIMPIA TODAS LAS SUPERFICIES

Retira TODO lo que hay en cada estante/cajón/superficie de la habitación y saca el polvo de las superficies con un paño de microfibra seco. Límpialas con espray de jabón de aceite de linaza y un paño húmedo. Ahora simplemente vuelve a colocar lo que realmente necesitas y te gusta. No guardes las cosas que no necesitas y que no has usado en años. ¡Sé realista!

2. BOLSAS PARA TIRAR, VENDER Y DONAR

Saca tres bolsas grandes para lo que no quieras guardar y márcalas con TIRAR, VENDER y DONAR. Puedes usar bolsas de basura gigantes que luego servirán para todas las habitaciones.

3. ORGANIZA EL ALMACENAJE

Si es necesario, prepara un mejor almacenaje y reorganízalo. Cada cosa debe tener su propio lugar. Pega pequeñas etiquetas que te indiquen dónde debe ubicarse cada cosa, si crees que eso te ayudará. Las etiquetas bonitas no son necesarias, puedes escribir perfectamente en un trozo de cinta adhesiva. Organiza soluciones de almacenamiento inteligente con lo que ya tengas en casa. Un clasificador puede ser ideal para bolsas de basura/reciclaje debajo del fregadero, y en los botes de mermelada de vidrio se pueden almacenar bolígrafos o artículos pequeños.

Cuando cada cosa tiene su lugar es mucho más rápido limpiar, tanto para la limpieza a fondo como la limpieza del día a día tipo «vuelve a colocar lo que sacaste». Además, también es más fácil encontrar las cosas. No tener que buscarlas todos los días ahorra mucho tiempo y energía.

4. LIMPIA HABITACIÓN POR HABITACIÓN

Es el momento de limpiar toda la habitación. Mira las listas de tareas para las diferentes habitaciones en las páginas siguientes.

LISTA DE TAREAS: *LIMPIEZA ANUAL A FONDO*

Piensa en lo bien que te sentirás cuando todo esté listo, cuando la casa esté limpia y fresca, y las cosas estén en el lugar correcto. La vida será mucho más fácil y agradable. Entonces solo será cuestión de tratar de mantener el orden lo mejor que puedas, y no llenar tu espacio de objetos innecesarios que lo desordenan todo. Es más fácil decirlo que hacerlo, pero con una limpieza a fondo por año será mucho más fácil mantener tu hogar al día.

DORMITORIO

1. Saca el polvo de las superficies con un paño de microfibra seco.

2. Lava los edredones y las almohadas en la lavadora o airéalos en la ventana, o en el exterior.

3. Cambia la ropa de cama. (¿Hay algo mejor que meterse recién duchado en una cama limpia en un dormitorio bien ordenado?)

4. Pasa el aspirador por todas partes.

5. Friega el suelo con agua y jabón de aceite de linaza mientras ventilas con las ventanas abiertas.

6. Limpia las molduras y las manijas con el limpiacristales milagroso sobre un paño de microfibra.

7. Lava las cortinas con jabón de aceite de linaza y déjalas secar colgadas. Olerá maravillosamente cada vez que airees en los meses siguientes.

8. Limpia las ventanas con el limpiacristales milagroso y paños de microfibra.

SALÓN

1. Saca el polvo de las superficies con un paño de microfibra seco.

2. Sacude las alfombras y las mantas. Si son de lana, puedes dejarlas colgadas

al aire libre durante 24 horas cuando haya poca humedad, ¡se limpiarán solas! En invierno, las alfombras se pueden lavar en la nieve (ver página 146).

3. Limpia el televisor de las huellas dactilares. Primero apágalo (no debe estar caliente) y desenchúfalo. Luego rocía un poco de limpiacristales milagroso en un paño seco de microfibra y frótalo.

4. Pasa el aspirador por todas partes. ¡Sin trampas! Levanta las alfombras y retira los muebles para poder aspirar todo el suelo.

5. Friega el suelo con agua y jabón de aceite de linaza mientras ventilas con las ventanas abiertas.

6. Limpia las molduras y las manijas con el limpiacristales milagroso sobre un paño de microfibra.

7. Lava las cortinas con jabón de aceite de linaza y déjalas secar colgadas.

8. Limpia las ventanas con el limpiacristales milagroso y paños de microfibra.

FRIEGA EL SUELO CON JABÓN DE ACEITE DE LINAZA

Llena un cubo con agua tibia y unas cucharadas soperas de jabón de aceite de linaza y friégalo. ¡El suelo quedará limpio y olerá maravillosamente! Los suelos de madera también mantendrán un tono más uniforme y recibirán una capa protectora. Usa agua fría si tienes un suelo de madera no lacado. Lee más en la página 160.

BAÑO

1. Friega la bañera y el lavamanos con un estropajo con jabón de aceite de linaza. Limpia los grifos con el limpia-cristales milagroso y un paño de microfibra. Enjuaga.

2. Limpia la mampara y los azulejos de la ducha frotando con el estropajo y limpiacristales milagroso. Enjuaga y seca con un paño de microfibra seco.

3. Limpia el espejo con el limpiacristales milagroso y un paño de microfibra húmedo. Sécalo con un paño de microfibra seco.

4. Limpia todas las partes del inodoro excepto el interior con toallitas milagrosas (ver capítulo dedicado a las rece-tas de productos de limpieza)) o con un paño de microfi-bra/papel higiénico y el limpiacristales milagroso.

5. Frota el interior del inodoro con jabón de aceite de linaza y el cepillo del inodoro y enjuágalo con una des-carga.

6. Limpia las molduras y las manijas con el limpiacristales milagroso sobre un paño de microfibra.

7. Vacía el cubo de basura de pedal y límpialo por dentro y por fuera con el limpiacristales milagroso y un estropajo.

8. Pasa el aspirador y friega el suelo con agua y jabón de aceite de linaza (ver página 33) mientras ventilas con las ventanas abiertas, si es posible.

9. Si tienes cortina de ducha, lávala y déjala secar colga-da.

10. Limpia las ventanas con el limpiacristales milagroso y paños de microfibra.

¡Consejo! Si no tie-nes perfumados los productos, rocía un poco de ambienta-dor textil casero en casa después de la limpieza (ver página 21). Otra opción es pasar un paño húmedo y limpio con una gota de aceite esencial por las superficies y los estantes (el aroma de citronela es mi favorito).

COCINA

1. Limpia las puertas de los armarios de cocina, la encimera, la campana extractora, los electrodomésticos, los grifos, los azulejos y dentro del armario de la basura con el limpiacristales milagroso. No utilices el limpiacristales sobre piedra natural.

2. Friega el fregadero con bicarbonato y un estropajo (ver página 74). Enjuaga.

3. Limpia el horno (ver página 75), la vitrocerámica (ver página 70) y el filtro de la campana extractora (ver página 78).

4. Limpia la nevera, los armarios de cocina, la despensa y los cajones con el limpiacristales milagroso y un paño de microfibra húmedo.

5. Descongela el congelador, preferiblemente en invierno. De este modo, si vives en una zona fría, podrás dejar los alimentos congelados en el exterior a temperaturas bajas sin que se descongelen (ver página 88).

6. Pasa el aspirador por todas partes.

7. Friega el suelo con agua y jabón de aceite de linaza (ver página 33) mientras ventilas con las ventanas abiertas.

8. Limpia las molduras y las manijas con el limpiacristales milagroso sobre un paño de microfibra.

9. Limpia las ventanas con el limpiacristales milagroso y paños de microfibra.

RECIBIDOR

1. Sacude el felpudo.

2. Limpia las molduras y las manijas con el limpiacristales milagroso (ver página 16) sobre un paño de microfibra.

3. Pasa el aspirador y friega el suelo con agua y jabón de aceite de linaza (ver página 33) mientras ventilas con las ventanas abiertas.

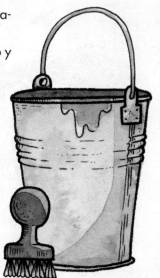

LISTA DE TAREAS: *LIMPIEZA SEMANAL*

Si se tiene la casa al día y se limpia una vez a la semana, la casa estará generalmente arreglada y rara vez se llegará al caos. Trata de tener una rutina de un día de limpieza establecido donde toda la familia participe de acuerdo con su capacidad. Deja que los niños elijan tareas (no importa si no queda perfectamente hecho), pon buena música y recompensaros con algo divertido o bueno después. Creo que les haces un gran favor a los niños si les enseñas a ayudar a limpiar. (Piensa solo en todos los adultos que tienen problemas en su relación de pareja debido a las discusiones sobre la limpieza).

DORMITORIO

1. Saca el polvo de las superficies con un paño de microfibra seco.

2. Cambia la ropa de cama.

3. Pasa el aspirador y friega el suelo con agua y jabón de aceite de linaza mientras ventilas con las ventanas abiertas.

4. Limpia las molduras y las manijas con el limpiacristales milagroso sobre un paño de microfibra.

RECIBIDOR

1. Sacude el felpudo.

2. Limpia las molduras y las manijas con el limpiacristales milagroso sobre un paño de microfibra.

3. Pasa el aspirador y friega el suelo con agua y jabón de aceite de linaza mientras ventilas con las ventanas abiertas.

COCINA

1. Limpia las superficies de la cocina con el limpiacristales milagroso. (No uses el limpiacristales sobre la piedra natural).

2. Friega el fregadero con bicarbonato y un estropajo (ver página 74). Enjuaga.

3. Limpia la nevera y también el cubertero con el limpiacristales milagroso y un paño de microfibra húmedo (por alguna razón, siempre se acumula mucha porquería en este lugar).

4. Pasa el aspirador y friega el suelo con agua y jabón de aceite de linaza mientras ventilas con las ventanas abiertas.

5. Limpia las molduras y las manijas con el limpiacristales milagroso sobre un paño de microfibra.

6. Vacía los cubos de reciclaje.

SALÓN

1. Saca el polvo de las superficies con un paño de microfibra seco.

2. Sacude las mantas y los cojines en el exterior.

3. Pasa el aspirador y friega el suelo con agua y jabón de aceite de linaza mientras ventilas con las ventanas abiertas.

4. Limpia las molduras y las manijas con el limpiacristales milagroso sobre un paño de microfibra.

BAÑO

1. Friega la bañera y el lavamanos con un estropajo con jabón de aceite de linaza. Limpia los grifos con el limpiacristales milagroso y un paño de microfibra. Enjuaga.

2. Limpia la mampara de la ducha frotando con el estropajo y limpiacristales milagroso. Enjuaga y sécala con un paño de microfibra seco.

3. Limpia el espejo con el limpiacristales milagroso y un paño de microfibra húmedo. Sécalo con un paño de microfibra seco.

4. Limpia todas las partes del inodoro excepto el interior con toallitas milagrosas (ver página 18) o con un paño de microfibra/papel higiénico y el limpiacristales milagroso.

5. Frota el interior del inodoro con jabón de aceite de linaza y el cepillo del inodoro y enjuágalo con una descarga.

6. Limpia las molduras y las manijas con el limpiacristales milagroso sobre un paño de microfibra.

7. Vacía el cubo de basura de pedal.

8. Pasa el aspirador y friega el suelo con agua y jabón de aceite de linaza mientras ventilas con las ventanas abiertas, si es posible.

LISTA DE TAREAS: *LIMPIEZA POR ENCIMA*

¡Mi limpieza favorita! Resultados rápidos sin demasiado esfuerzo. A veces puede ser una visita espontánea la que lo haga necesario, aunque puede inducir un poco al pánico dependiendo del punto de partida.

Con esta limpieza se consigue una gran diferencia en poco tiempo, aunque no todo quede perfecto.

LIMPIEZA RÁPIDA ANTES DE QUE LLEGUEN LOS INVITADOS

1. Pasa el aspirador rápido sin entretenerte.
2. Saca el polvo de las superficies con un paño de microfibra seco.
3. Ventila con las ventanas abiertas.
4. Recoge los objetos dispersos y métalos en una caja o bolsa grande y guárdala. (Ordénalo más tarde).
5. Retira los platos sucios poniéndolos en el lavavajillas o en el fregadero.
6. Limpia las superficies de la cocina con el limpiacristales milagroso y un paño de microfibra.
7. Haz las camas un poco rápido. Omite las colchas si tienes prisa.
8. Ordena los zapatos en el recibidor.
9. Limpia lo que se vea más sucio en el baño. Rocía el espejo y el lavamanos con el limpiacristales milagroso y sécalo con un paño de microfibra. Rocía también la parte exterior del inodoro o usa las toallitas milagrosas (ver página 18). Limpia el interior del inodoro con jabón. Cambia las toallas.
10. Rocía un poco de ambientador textil (ver página 21) o pasa un paño húmedo y limpio con una gota de aceite esencial por las superficies y los estantes.

LIMPIEZA DIARIA

Puede ser difícil tener tiempo de limpiar cada día. Por ello, es importante tener en cuenta que cuanto más cuidadosos sean todos a la hora de volver a poner las cosas en su lugar, menos se tendrá que limpiar.

CADA COSA EN SU LUGAR. Lo más importante en la limpieza diaria creo que es tratar de tener la rutina de volver siempre a poner las cosas en su sitio, y que cada pequeño objeto tenga un lugar obvio. Dejar las cosas en el lugar equivocado crea irritación y requiere tiempo y energía. Sin embargo, esto es muy difícil. ¡Lo sé! Pero cuanto más intentes mantener la rutina, más fácil se vuelve. Si consigues que esta rutina funcione decentemente, entonces solo se tendrán que limpiar las superficies cada semana.

EVITA COMPRAR COSAS INNECESARIAS. Recuerda que cada pequeño objeto que compres y te lleves a casa necesita almacenaje. Piénsalo dos veces antes de comprar algo – no solo por el bien del medio ambiente, sino también para facilitar la limpieza y propiciar el orden.

RECOGE CUANDO CAMBIES DE HABITACIÓN. Trata de tener la rutina de recoger las cosas cuando cambias de habitación. Por ejemplo, llévate el juguete de la mesa de café cuando vayas a pasar por la habitación de los niños de camino al baño.

TEN UNA CESTA donde a menudo se acumulen los objetos. Por ejemplo, puede ser en el recibidor donde puedes poner llaves, billeteras y otras cosas. En la cocina, tal vez un archivador para el correo postal, y otro para las tareas de los niños, en lugar de que todo esté por en medio. Por supuesto, también es importante ir quitando lo que ya no sea relevante.

UNA ÚLTIMA MINILIMPIEZA antes de acostarte. Dedicar unos minutos a recoger lo que ha quedado fuera de lugar durante el día. Esta práctica marca una gran diferencia, y será mucho más agradable levantarse por la mañana. Aprovecha la oportunidad para sacar la ropa del día siguiente tanto para ti como para los niños (si los hay) para una mañana menos estresante.

COCINA ANTES DE LA LIMPIEZA A FONDO

NECESITAS

(Aprox. 7 raciones)

- 200 g de lentejas rojas

- 7 zanahorias de tamaño mediano

- 2 cebollas

- 3 dientes de ajo

- ½ dl de aceite de oliva

- 3 latas de 400 g de tomate triturado

- 5 dl de agua

- 2 cucharadas soperas de orégano seco

- Sal y pimienta al gusto

- Aprox. 1 kg de pasta

- Albahaca fresca para decorar (opcional)

Para evitar interrumpir la limpieza anual ensuciando la cocina cuando se tenga hambre, es perfecto preparar unas fiambreras que solo se tengan que calentar. Aquí tienes una de mis recetas favoritas para un plato delicioso, barato, simple y respetuoso con el medio: espaguetis con salsa de lentejas (como la salsa boloñesa pero vegetariana). Trato de cocinar este plato al menos una vez a la semana y siempre sobra para otro día.

¡Es la comida perfecta para familias con niños! Nunca he conocido a nadie a quien no le gustara este plato, ni siquiera a los niños más exigentes.

Si es posible, elige ingredientes ecológicos.

PASOS A SEGUIR

1. Cocina la pasta de acuerdo con las instrucciones del paquete.

2. Enjuaga las lentejas, pela y ralla las zanahorias, pica la cebolla y prensa el ajo.

3. Sofríe la cebolla, el ajo y la zanahoria rallada en el aceite en una cacerola grande.

4. Vierte las lentejas y sofríelas durante unos minutos.

5. Agrega el tomate triturado, el agua, el orégano, la sal y la pimienta.

6. Deja que la olla hierva a fuego lento hasta que las lentejas estén blandas.

7. ¡Listo!

Sirve la salsa con la pasta, la albahaca fresca y/o el kétchup. Guarda las sobras en fiambreras, este plato está más bueno después de unos días en la nevera.

HELADO VEGANO DE ENSUEÑO

NECESITAS

(2-3 raciones)

• 1 dl de anacardos naturales (se pueden sustituir por pipas de girasol para personas alérgicas a los frutos secos)

• 10 dátiles deshuesados (secos o frescos)

• 1 lata de 400 g de leche de coco

• ½ dl de cacao

• 1 cucharilla de café de azúcar avainillado

• Chocolate negro (opcional)

• Nueces trituradas (opcional)

¡Mi mejor receta de helado! Este helado de solo cinco ingredientes está tan bueno que es impensable creer que sea saludable. ¡Es muy fácil de hacer y es una recompensa perfecta después de todo el trabajo de limpieza!

Si es posible, elige ingredientes ecológicos.

PASOS A SEGUIR

1. Mezcla todos los ingredientes hasta obtener una masa uniforme.

2. Para la fiambrera: vierte la masa en una fiambrera, tápala y colócala en el congelador. Después de aproximadamente 5 horas, el helado en la fiambrera tendrá una consistencia perfecta. Si se deja más tiempo y se congela, tendrá una consistencia bastante dura, y entonces deberá descongelarse durante aproximadamente 30 minutos antes de ser servido.

Para helados de polo: vierte la masa en moldes de helado y déjalos en el congelador durante unas horas. Se pueden sumergir los helados en chocolate derretido previamente al baño María, y están riquísimos si los rebozamos con nueces trituradas para una versión más sofisticada.

3. ¡Listo!

ALMACENAJE

¡La vida es mucho más fácil con un buen almacenaje! Cuando cada objeto tiene su lugar, las cosas se encuentran más rápidamente y hay una mayor probabilidad de que realmente se usen. También será más fácil mantenerlo todo limpio. En este capítulo te daré consejos sobre cómo pensar en el almacenaje.

ALMACENAJE EN EL SÓTANO Y EN EL TRASTERO

Casi tan importantes como ordenar y tirar con pensamiento minimalista (ver página 27) son los buenos espacios de almacenaje y el cuidado del orden. Por lo tanto, me gustaría brindar mis mejores consejos para los espacios de almacenaje más populares como son, por ejemplo, el sótano o el desván. Ahora que he acumulado experiencia y mis hijos ya no son pequeños, tengo un control mucho mejor del almacenaje que cuando me mudé de casa por primera vez. He cometido muchos errores y he almacenado muchas cosas de una manera poco práctica. Por ejemplo, he perdido la cuenta de todas las veces que no he encontrado alguna de las prendas de invierno de los niños cuando ha llegado el frío. Una vez tuve que comprar una prenda nueva y unos años más tarde encontré aquella prenda que buscaba y que para entonces ya se había quedado pequeña.

Cajas y bolsas

Algo que es importante a la hora de organizar el sótano y/o el trastero es contar con buenas cajas de almacenaje y un cierto orden. Una alternativa barata y respetuosa con el medio ambiente son las cajas de mudanza. Pero no son muy prácticas ya que no son transparentes y, en el peor de los casos, pueden dejar entrar la humedad y algún bicho. Si no tienes un espacio seco y protegido, no será tan ecológico ni económico si el contenido debe desecharse debido a una infestación de moho o por culpa de alguna plaga. Como vivo en una casa donde hemos tenido problemas con ratones e inundaciones en el sótano, las grandes cajas de plástico transparente con cierre de clip son mis favoritas.Pero si tienes un sótano seco y protegido, las cajas de mudanza pueden funcionar de manera excelente. Una alternativa a las cajas de plástico más barata son las cajas de cartón con tapa. Están disponibles en diferentes colores y formas a bajo precio en, por ejemplo, IKEA, y son más bonitas que las cajas de mudanza, si la estética es algo que te importa. También son más fáciles de abrir que las cajas de mudanza.

Organizar y tirar en el sótano y en el trastero

Cuando se cuenta con espacio, es muy fácil acumular cosas y, al final, el resultado es un caos tremendo. Por lo tanto, recuerda no guardar cosas innecesarias aunque dispongas de espacio para ellas. Porque es muy agradable poder disfrutar de una buena visión general en un amplio trastero despejado, y encontrar fácilmente lo que te hace falta. Al menos una vez al año, creo que es bueno hacer una revisión y tirar lo que ya no se necesita. Pero lo más importante es pensar bien si quieres guardar algo antes de ponerlo en el trastero. ¿Se puede vender o donar, en lugar de guardarlo? ¿O tal vez deberías tirarlo?

Limpia las cosas antes de guardarlas

Adquiere el hábito de limpiar lo que vas a guardar. Porque es mucho más cómodo sacar un par de botas de invierno razonablemente limpias, en lugar de un par de botas llenas de fango. Las cosas limpias y cuidadas también se conservan mejor a largo plazo. Y si hay algo que quieres vender, la probabilidad de que lo lleves finalmente a término será mayor si no tienes que limpiar primero el barro seco de hace un año.

¿Cuándo se debe cambiar la ropa de temporada?

Pon una alarma en el calendario del móvil cuando creas que puede ser el momento del cambio de armario. Sin un recordatorio es fácil olvidarlo, y, de repente, es enero y las sandalias de verano todavía están ocupando espacio en el zapatero. Por supuesto, varía un poco según donde vivas, pero finales de septiembre y principios de mayo pueden ser buenos momentos para el cambio. En este caso, también, es bueno asegurarse de que todo lo que guardas esté limpio.

EN NUESTRO SÓTANO INTENTAMOS ORGANIZARLO ASÍ

En cajas de plástico con cierre de clip

• Ropa de invierno

• Zapatos de invierno

• Ropa de verano

• Zapatos de verano

• Ropa que ha quedado pequeña pero que otros hermanos puedan aprovechar

• Cosas de valor nostálgico

• Artículos de Navidad, Pascua y Halloween

En los estantes

• Equipamiento deportivo como esquíes, patines y cascos fuera de temporada

• Maletas

• Herramientas.

Si no tienes cajas, o si algo es tan grande que no cabe en una caja, entonces las bolsas de basura de plástico grandes pueden ser útiles. Escribe con un rotulador lo que la bolsa contiene. (Rotulador permanente blanco sobre bolsa de basura negra).

Es obvio que no soy perfecta, y, a veces, dejo cosas en el sótano sobre las que no tengo tiempo ni ganas de tomar decisiones. Pero, generalmente, trato de evitarlo, porque sé que, si sigo así, rápidamente acabará habiendo montañas de chismes en el sótano.

RECIBIDOR

Un buen almacenaje y orden en el recibidor facilitan mucho las cosas, especialmente si hay niños en casa. En casa tenemos un estante Kallax de IKEA con cajas que pueden contener todo tipo de objetos, desde gorros y guantes hasta bolsas de tela, accesorios para perros, ropa de lluvia y los cascos y protectores de los monopatines de los niños. Juntos hemos dibujado carteles que hemos pegado a las cajas para que sea fácil guardar cada cosa en su sitio, y, sobre todo, para que luego sea rápido encontrarlas.

Correa

En verano, la caja para gorros y guantes se convierte en una caja para artículos de verano como mantas de pícnic, trajes de baño y gorras, porque son las cosas que se usan sin parar.

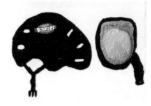

Si hay espacio, es práctico tener una escoba en el recibidor para recoger fácilmente la gravilla o la tierra que haya podido entrar.

¡Consejo! Deja que los niños hagan sus propios carteles.

ARMARIO PARA LA LIMPIEZA

¿Cómo vas a tener ganas de pasar la aspiradora si la mitad del contenido del armario para la limpieza se cae cuando la sacas? Con una mejor accesibilidad a los útiles de limpieza, será más fácil sacar lo que necesites, y la probabilidad de que acabes limpiando será mucho mayor.

Aquí el armario para la limpieza de @patricia.laxen, tras haber sido reorganizado. Entre otras cosas, ha colocado un estante y prácticos cestos de rejilla. ¿Te dan ganas de limpiar ahora?

Prepara una caja de limpieza que sea fácil de transportar por la casa. Puede contener, por ejemplo:

• Limpiacristales (ver página 16)

• Espray de jabón de aceite de linaza (ver página 17)

• Pasta de bicarbonato (ver página 17)

• Terrones de azúcar

• Paños de microfibra

• Rascavidrios.

Foto: @patricia.laxen

¡CONSEJO!

Regala una caja de limpieza. Coloca etiquetas que incluyan las recetas para los productos de limpieza e instrucciones de uso.

ARMARIO MULTIFUNCIÓN

¡Esta es una de las ideas más inteligentes que he visto! @emmaohrwall tiene un armario multifunción para las cosas que se tienen que reparar, vender y donar, donde todo tiene su propio lugar. ¡La posibilidad de que esas cosas acaben teniendo salida y no permanezcan olvidadas año tras año en alguna bolsa en el trastero seguro que aumentan en un 100 %!

Mi primer pensamiento fue «también quiero uno así, pero no tengo espacio». Luego leí que @emmaohrwall vive en un estudio. ¡Así que no hay excusas! Tus invitados podrán echar un vistazo a la caja de donar o regalar antes de irse a casa.

Foto: Tobias Jansson/Caminomagasin.se

Además, @emmaohrwall ha colocado dibujos en la puerta de entrada que muestran lo que los vecinos pueden pedirle prestado. ¡Superinteligente! ¿Por qué cada hogar tiene un montón de máquinas y herramientas iguales y caras que se usan máximo alguna vez al año?

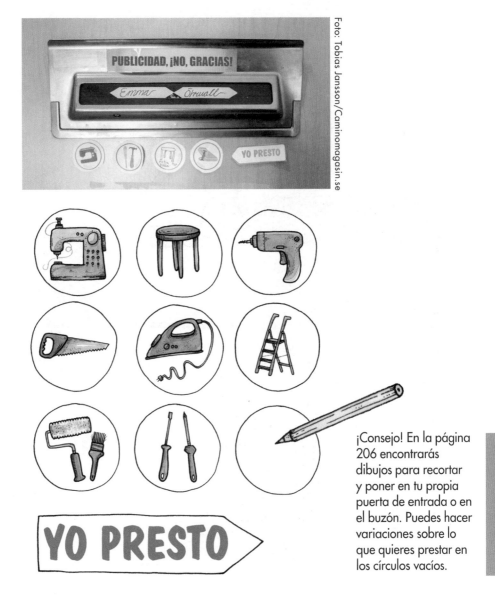

¡Consejo! En la página 206 encontrarás dibujos para recortar y poner en tu propia puerta de entrada o en el buzón. Puedes hacer variaciones sobre lo que quieres prestar en los círculos vacíos.

COCINA

LIMPIA-
CRISTALES

Este capítulo es probablemente el más divertido del libro. Porque la cocina se ensucia rápido y la suciedad puede persistir y, a veces, es muy difícil quitarla. ¡Pero muchos de estos trucos hacen que la cocina quede como nueva! También te daré consejos sobre cómo fregar los platos a mano (muchas personas crecieron con lavavajillas y entonces quizás no han fregado a mano más que alguna sartén) y sobre cómo evitar que la encimera de la cocina se llene de platos sucios a pesar de tener lavavajillas.

VE RECOGIENDO MIENTRAS COCINAS

Soy una de esas personas que a menudo lo deja todo por medio mientras cocina. Probablemente, porque siempre cocino lo más rápido que puedo y a fuego alto. Entonces no tengo mucho tiempo para ir recogiendo. Pero, en realidad, vale la pena hacerlo mientras cocinas, para evitar tener que recoger y limpiar después de la comida. ¡Porque en ese momento solo querrás descansar!

Un consejo es tener una bolsa para restos orgánicos sobre la encimera donde puedas tirar fácilmente pieles y otras cosas.

ENCIMERA DE COCINA Y MESA DE COMEDOR PARA EL DÍA A DÍA

Cuando se trata de la limpieza diaria de la mesa del comedor y de la encimera de la cocina, voy variando entre el limpiacristales milagroso y el espray de jabón de aceite de linaza. El espray de jabón de aceite de linaza huele mejor, pero el limpiacristales a veces puede ser más eficaz contra algunas manchas. Para superficies de madera, recomiendo el espray de jabón de aceite de linaza que también protege la superficie y deja una película protectora, mientras que el limpiacristales milagroso reseca ligeramente.

Como bayeta, en lugar del paño de microfibra, prefiero un paño de esponja de celulosa y algodón (tipo Wettex). Los paños de esponja dejan la superficie seca casi al instante y son más fáciles de enjuagar. Sin embargo, no son óptimos para las vitrocerámicas o las puertas de los armarios de cocina brillantes —en estos casos los paños de microfibra hacen un mejor trabajo (junto con el limpiacristales milagroso)—. Lee más en la página 12.

MANTÉN EL PAÑO LIMPIO

Usa la bayeta cuando seques diferentes superficies y enjuágala siempre antes de colgarla para que se seque junto al fregadero. Enjuaga con agua fría al final para prevenir el crecimiento bacteriano.

CAMPANA EXTRACTORA

Limpia la campana extractora regularmente con el limpiacristales y un paño de microfibra para evitar la acumulación de grasa.

LIMPIA LOS MANDOS DE LA COCINA

¿Sabes que se pueden quitar los mandos de la cocina? Simplemente tira de ellos y luego lávalos a mano. Detrás de los mandos generalmente se suelen acumular una gran cantidad de residuos de alimentos, y ahí el limpiacristales milagroso hace un buen trabajo junto con un paño de microfibra.

¿FREGADERO ATASCADO?

Cuando el fregadero no desagua bien, creo que lo mejor es usar un desatascador manual con el fregadero lleno de agua caliente. Entonces, cualquier residuo que esté atascado generalmente se suelta. También puedes intentar verter 1-2 decilitros de vinagre de alcohol y 2 cucharadas soperas de bicarbonato para disolver cualquier tipo de grasa.

RUTINAS AL FREGAR LOS PLATOS A MANO

NECESITAS

• Guantes de goma

• Tapón del fregadero (los tapones universales se pueden comprar en supermercados o ferreterías)

• Lavavajillas líquido

• Cepillo para platos/estropajo

• Escurreplatos

• Paño de cocina limpio

• Barreño

• Terrones de azúcar o estropajo de bola de cobre/acero para grasa requemada, opcional.

Muchos de nosotros crecimos con lavavajillas, y entonces para algunos de nosotros no es tan obvio el cómo fregar los platos a mano. Aquí tienes unas pequeñas instrucciones.

PASOS A SEGUIR

1. Ponte guantes de goma. Vale la pena evitar las manos secas.

2. Coloca los platos sucios en el fregadero. Deben estar sin restos y enjuagados ligeramente.

3. Inserta el tapón en el seno derecho y llénalo con agua caliente. Termina añadiendo unas gotas de lavavajillas líquido y remueve un poco con la mano. (Si el lavavajillas se agrega al principio, hará más espuma y será un poco más difícil de enjuagar).

4. Coloca el barreño en el seno izquierdo. Llénalo con agua tibia. Esta es el agua de enjuague. Si no tienes un barreño, puedes enjuagar con agua corriente, pero entonces, se usa más agua.

5. Pon algunos de los platos sucios en el agua para fregar los platos, empieza con lo menos sucio.

6. Si es necesario, pon unas gotas de lavavajillas en un pequeño cuenco y sumerge el cepillo/estropajo cuando sea necesario.

7. Frota los platos con el cepillo/estropajo en el agua para fregar los platos.

8. Sumerge lo que has fregado en el agua limpia del enjuague.

9. Coloca los platos limpios y húmedos boca abajo en un escurreplatos, o sécalos directamente con un paño de cocina limpio.

10. Cuando hayas terminado: desecha el agua y frota ligeramente con el cepillo/estropajo en el fregadero para mantenerlo limpio. Termina enjuagando el fregadero.

11. Cuando los platos estén completamente secos, colócalos en los armarios. (Los platos húmedos en los armarios pueden atraer pececillos de plata y crear moho).

12. ¡Listo!

RESTOS REQUEMADOS Y VAJILLA MUY SUCIA

Si la vajilla está muy sucia o hay residuos requemados, la puedes dejar en remojo en agua caliente y un poco de lavavajillas para fregarla a mano. Luego frota con un estropajo de bola de cobre/acero, o con terrones de azúcar humedecidos con un poco de agua.

Usa terrones de azúcar normales y no los de disolución rápida.

¡OJO! Nunca tires grasa por el desagüe, ya que puede causar atascos que pueden llevar a inundaciones y además, contamina. En su lugar, vierte la grasa de freír sobre, por ejemplo, un poco de papel de cocina y deséchalo luego en el compost, el cubo de basura de materia orgánica, o el cubo de basura de residuos generales. Hay municipios que facilitan botellas especiales para recoger aceites de cocina; si no la tienes, utiliza una botella de plástico y llévala al punto verde.

RUTINAS CON EL LAVAVAJILLAS

Intenta crear la rutina de vaciar el lavavajillas cada mañana mientras se hace el café. Si lo haces así, ya tendrás listo el lavavajillas para ir cargándolo con los platos que se vayan ensuciando durante el día (sin una parada en el fregadero o sobre la encimera) y luego ponerlo en marcha por la noche. Esto ahorra tiempo e irritación. Un consejo para consolidar la rutina de poner los platos en el lavavajillas en lugar de dejarlos en el fregadero/encimera es escribir una nota de recordatorio con el texto «¡no pongas ningún plato aquí!».

Después de la comida: abre el lavavajillas y saca las cestas, y será más fácil para todos los miembros de la familia colocar los platos sucios.

LIMPIA EL LAVAVAJILLAS

LAVAVAJILLAS

¿Hay algo más molesto que un lavavajillas que no limpia los platos del todo? A veces es el propio lavavajillas el que no está lo suficientemente limpio como para poder limpiar. Aquí tienes un pequeño plan de acción sobre cómo poner a punto el lavavajillas.

PASOS A SEGUIR

1. Retira el filtro y colócalo en la cesta superior del lavavajillas. (Desmonta el filtro si es posible).

2. Llena con sal el compartimento de la sal del lavavajillas hasta el límite máximo.

3. Llena el compartimento del detergente con bicarbonato.

4. Vierte vinagre de alcohol hasta el límite máximo en el compartimento del abrillantador.

5. Frota las gomas y los bordes del lavavajillas con el limpiacristales y un estropajo. Si es necesario, usa un cepillo de dientes viejo en superficies difíciles de alcanzar.

6. Si los orificios en los brazos están obstruidos: retira la suciedad con un mondadientes o similar.

7. Pon el lavavajillas y elige un programa de temperatura elevada.

8. ¡Listo!

A veces son necesarios algunos lavados para obtener un mejor resultado. Otra medida puede ser cambiar el detergente para el lavavajillas. ¡Elige siempre un lavavajillas con ecoetiqueta! Ver página 67 para otro consejo.

NECESITAS

• Sal de lavavajillas si tienes agua dura (¡Importante! Esto puede marcar una gran diferencia)

• Vinagre de alcohol 12 %

• Bicarbonato

• Limpiacristales milagroso, ver página 16.

VINAGRE DE ALCOHOL COMO ABRILLANTADOR

NECESITAS

• Vinagre de alcohol 12 %.

¿Sabías que el abrillantador puede contener sustancias PFAS que son terribles para el medio ambiente? Usa el vinagre de alcohol en lugar del abrillantador comercial, ya que es inocuo para el planeta. Obtendrás una limpieza brillante y el lavavajillas también se mantendrá extra limpio. ¡Es más barato, más eficiente y mucho más respetuoso!

PASOS A SEGUIR

1. Vierte el vinagre de alcohol hasta el límite máximo en el compartimento del abrillantador.

2. ¡Listo!

LIMPIA EL LAVAVAJILLAS CON PIEL DE LIMÓN

En lugar de tirar las mitades de limón exprimidas: ¡mételas en el lavavajillas y obtendrás una máquina limpia y brillante con un suave aroma a limón!

Simplemente presiona la mitad del limón sobre un soporte y pon el lavavajillas como de costumbre, lleno y con detergente. Al mismo tiempo, los platos quedarán más limpios. Esta es también una manera perfecta para aprovechar las mitades de limón que han permanecido en la nevera demasiado tiempo.

PASOS A SEGUIR

1. Coloca la mitad del limón en uno de los soportes del lavavajillas y ponlo en marcha como de costumbre.

2. ¡Listo!

NECESITAS
• Medio limón exprimido.

LIMPIA ELECTRODOMÉSTICOS DE ACERO INOXIDABLE

NECESITAS

- Limpiacristales milagroso, ver página 16
- Paño de microfibra húmedo
- Paño de microfibra seco
- Un poco de aceite de cocina, opcional.

Los electrodomésticos de acero inoxidable en la cocina tienden a llenarse rápidamente de huellas grasientas y de suciedad. Aquí el limpiacristales milagroso es perfecto y no deja gotas secas o rayas. ¡La superficie quedará limpia y brillante en poco tiempo!

PASOS A SEGUIR

1. Rocía abundantemente con limpiacristales sobre la superficie sucia.

2. Frota la superficie con un paño de microfibra húmedo.

3. Seca inmediatamente después con un paño de microfibra seco.

4. ¡Listo!

También puedes terminar puliendo el acero inoxidable con un poco de aceite de oliva u otro aceite de cocina sobre un paño de microfibra. Con ello conseguirás una superficie más brillante.

LIMPIA LA VITROCERÁMICA CON TERRONES DE AZÚCAR

NECESITAS

- Terrones de azúcar (no de disolución rápida)
- Muy poca agua
- Limpiacristales milagroso, ver página 16
- Paño de microfibra.

¿Sabías que esas manchas extremadamente obstinadas en la vitrocerámica se pueden eliminar? ¡Con terrones de azúcar! No quedará ningún arañazo y funciona igual de bien en vitrocerámicas modernas que en las cocinas eléctricas con placas de hierro fundido.

PASOS A SEGUIR

1. Humedece un terrón de azúcar con muy poquita agua. (Con demasiada agua, el terrón de azúcar se deshace demasiado rápido.)

2. Frota con el terrón de azúcar en la mancha hasta que el terrón de azúcar se haya deshecho. Coge otro terrón y repite el procedimiento. Continúa de la misma manera hasta que las manchas desaparezcan.

3. Retira los restos de azúcar con una bayeta húmeda.

4. Termina puliendo la vitrocerámica con el limpiacristales milagroso y un paño de microfibra.

5. ¡Listo!

En las placas vitrocerámicas, también puedes usar un rascavidrios y rascar las manchas junto con el limpiacristales milagroso. Rocía y deja actuar durante unos minutos antes de continuar suavemente con el rascavidrios.

MANCHAS EXTERIORES DE LAS SARTENES Y CACEROLAS

Las manchas requemadas en el exterior de las sartenes y ollas pueden parecer imposibles de eliminar. ¡En este caso, los terrones de azúcar hacen un trabajo increíblemente bueno! Basta con ver qué gran resultado tuvo @ linn.malmstrom.makeup con su sartén y cacerola.

NECESITAS

- Terrones de azúcar (no de disolución rápida)
- Muy poca agua

PASOS A SEGUIR

1. Humedece un terrón de azúcar y frota hasta que las manchas desaparezcan. Repite si es necesario.

2. Enjuaga y seca.

3. ¡Listo!

Foto: @linn.malmstrom.makeup

ANTES: DESPUÉS:

ANTES: DESPUÉS:

RENUEVA TU SARTÉN DE HIERRO FUNDIDO

NECESITAS

- Cepillo/Estropajo
- Fibra metálica con jabón
- Aceite de cocina ecológico.

¡Esto es tan satisfactorio! Echa un vistazo a las fotos de antes y después de estas viejas sartenes de hierro fundido, compradas en un mercadillo de segunda mano. Lee cómo Westin las renovó siguiendo unos sencillos pasos. ¡Absolutamente increíble!!

PASOS A SEGUIR

1. Lava la sartén de hierro fundido con agua hirviendo y el cepillo/estropajo (¡nunca uses lavavajillas para fregar las sartenes de hierro fundido!).
2. Frota la sartén con la fibra metálica con jabón para eliminar el óxido y las protuberancias.
3. Coloca la sartén en la cocina a fuego suave para que se seque. Lubrica el interior de la sartén con aceite de cocina sobre un paño o papel de cocina.
4. Sube el fuego y deja la sartén hasta que el aceite se haya absorbido, luego aplica otra capa de aceite de cocina. Repite hasta que la sartén ya no absorba más aceite.
5. ¡Listo!

Repite el tratamiento 1-2 veces al año. Mantén tu sartén completamente seca cuando no esté en uso.

LIMPIA TU SARTÉN DE HIERRO FUNDIDO CON SAL

NECESITAS

- Sal gruesa o sal doméstica
- Espátulas de madera o acero inoxidable
- Cepillo/Estropajo
- Aceite de cocina ecológico

1. Coloca la sartén en la cocina a fuego alto.
2. Vierte la sal y rasca vigorosamente con la espátula durante unos minutos.
3. Enjuaga la sartén y frota con un cepillo/estropajo.
4. Vuelve a colocar la sartén al fuego. Lubrica el interior de la sartén con aceite de cocina sobre un paño o papel de cocina, apaga el fuego y deja reposar hasta que se enfríe.
5. ¡Listo!

ANTES:

DESPUÉS:

SARTENES DE ACERO INOXIDABLE BRILLANTES

Me encanta que las sartenes (y cacerolas) de acero inoxidable se puedan lavar en el lavavajillas. La desventaja es que pueden quedar manchas de depósitos de cal y manchas de proteínas. ¡Afortunadamente es superfácil volver a dejarlas como nuevas con un pequeño chorrito de vinagre de alcohol!

NECESITAS

- Vinagre de alcohol
- Paño de cocina limpio

PASOS A SEGUIR

1. Vierte un chorrito de vinagre de alcohol en la sartén/ cacerola.

2. Frota las manchas con el paño de cocina.

3. Enjuaga con agua.

4. ¡Listo!

LIMPIA EL FREGADERO CON BICARBONATO

La limpieza de fregaderos con bicarbonato es lo que más me gusta hacer. Funciona mucho mejor que cualquier producto químico fuerte.

Es fácil pensar que incluso los fregaderos viejos y aburridos no puedan quedar bonitos porque fregar con limpiadores convencionales no es muy efectivo. Por eso, solo digo: ¡bicarbonato!

NECESITAS

- Bicarbonato
- Estropajo

PASOS A SEGUIR

1. Remoja el fregadero con agua caliente.

2. Espolvorea bicarbonato y deja actuar durante unos minutos.

3. Frota el fregadero con el estropajo.

4. Enjuaga y continúa frotando un poco más.

5. ¡Listo!

LIMPIA EL HORNO

Limpiar el horno de una manera respetuosa con el medio ambiente es difícil para muchos. Y los limpiadores de horno convencionales de las tiendas a menudo son tan fuertes que casi tienes que usar una máscara antigás. Afortunadamente, se pueden evitar estos productos químicos y aun así conseguir que el horno quede limpio y brillante. ¡Solo mira lo bonito que quedó el horno de @sofiareinhagen!

PASOS A SEGUIR

1. Quita el cristal de la puerta del horno y aplica una capa de pasta de bicarbonato sobre el cristal y en el fondo del horno. Espera 40 minutos.
2. Rasca cuidadosamente con el rascavidrios de la vitrocerámica sobre el cristal del horno y en el fondo del horno hasta que la suciedad se despegue.
3. Quita toda la pasta de bicarbonato.
4. Frota la rejilla del horno (y tal vez también las paredes interiores del horno) con terrones de azúcar con un poquito de agua.
5. Limpia el cristal del horno y el horno con un paño de microfibra húmedo + el limpiacristales milagroso y termina secando con un paño de microfibra seco.
6. ¡Listo!

NECESITAS

- Pasta de bicarbonato (ver página 17)
- Rascavidrios
- Limpiacristales milagroso (ver página 16)
- Terrones de azúcar (no de disolución rápida)
- Paño de microfibra húmedo
- Paño de microfibra seco.

ANTES:

DESPUÉS:

Foto: @sofiareinhagen

LIMPIA LA PUERTA DEL HORNO

NECESITAS

- Pasta de bicarbonato (ver página 17)
- Rascavidrios
- Limpiacristales milagroso (ver página 16)
- Paño de microfibra húmedo
- Paño de microfibra seco.

¡Mira! @ericasfikabox tenía una puerta del horno realmente sucia, pero con este método quedó como nueva otra vez.

PASOS A SEGUIR

1. Quita el cristal de la puerta del horno y aplica una capa de pasta de bicarbonato sobre el cristal. Espera 40 minutos.

2. Rasca cuidadosamente con el rascavidrios de la vitrocerámica sobre el cristal del horno hasta que la suciedad se despegue.

3. Quita toda la pasta de bicarbonato.

4. Limpia el cristal del horno con un paño de microfibra húmedo y el limpiacristales milagroso y termina secando con un paño de microfibra seco

5. ¡Listo!

¡OJO! Quita el cristal de la puerta del horno. Suele ser relativamente simple. Busca en Internet el manual de instrucciones de tu horno. En el mío, tiro del cristal hacia mí y luego hacia atrás para sacarlo.

ANTES:

DESPUÉS:

Foto: @ericasfikabox

LIMPIA LAS PLACAS DEL HORNO

¡Es una locura lo efectivos que son los terrones de azúcar humedecidos contra las manchas incrustadas!

En realidad, @mariastaffis iba a comprar una placa y tirar la suya. Pero, gracias a los terrones de azúcar, quedó como nueva y se podrá usar durante muchos años más.

PASOS A SEGUIR

1. Humedece la placa con un poco de agua.

2. Frota con los terrones de azúcar hasta que la placa esté limpia.

3. Enjuaga y seca la placa.

4. ¡Listo!

NECESITAS

• Terrones de azúcar (no de disolución rápida)

• Un poco de agua

ANTES:

DESPUÉS:

Foto: @mariastaffis

LIMPIA EL FILTRO DEL EXTRACTOR

NECESITAS

- Bicarbonato
- Limpiacristales milagroso (ver página 16)
- Cepillo/Estropajo
- Agua hirviendo

Aquí tienes un método para limpiar el filtro del extractor a mano. No solo queda limpio, sino que también se reduce el riesgo de incendio. Muchos filtros también se pueden limpiar en el lavavajillas (es recomendable hacerlo en un lavavajillas vacío, con una pastilla de lavavajillas y a temperatura alta). Busca en internet tu modelo de filtro y averigua cómo se tiene que lavar.

PASOS A SEGUIR

1. Retira el filtro y colócalo en una gran bandeja honda o similar.

2. Espolvorea una capa de bicarbonato.

3. Rocía el limpiacristales milagroso y déjalo actuar durante unos minutos. Frota con el cepillo/estropajo.

4. Vierte agua hirviendo sobre el filtro hasta cubrirlo y espera unos minutos.

5. Escurre el agua, enjuaga el filtro y deja secar.

6. ¡Listo!

LIMPIA EL MICROONDAS

¿Sabías que el limpiacristales milagroso es perfecto para una limpieza del microondas eficiente, ecológica y económica?

Calienta un decilitro del limpiacristales y los vapores disolverán la grasa y los restos de los alimentos, así será muy fácil de limpiar.

PASOS A SEGUIR

1. Vierte el limpiacristales en un recipiente y caliéntalo en el microondas a potencia máxima durante 3 minutos.

2. Retira el recipiente caliente del microondas (asegúrate de no quemarte).

3. Limpia con un paño y un estropajo si fuera necesario.

4. ¡Listo!

NECESITAS

- Limpiacristales milagroso, 1 dl (ver página 16)

- Recipiente resistente al calor

- Paño y, si es necesario, estropajo.

DESCALCIFICA LA CAFETERA CON VINAGRE DE ALCOHOL

NECESITAS

- Vinagre de alcohol 12 %, 2 dl

- Agua, 5 dl + agua adicional para enjuagar.

¿Quieres una cafetera descalcificada, limpia y fresca? Con este consejo, quedará como nueva.

PASOS A SEGUIR

1. Vierte el vinagre de alcohol y 5 decilitros de agua en la cafetera.

2. Deja que la mitad del líquido pase y llegue a la jarra, apaga la cafetera y espera 10 minutos.

3. Vuelve a poner en marcha la cafetera y deja pasar el resto del líquido.

4. Tira el líquido de la jarra y haz 3-4 cafeteras más solo con agua limpia, para que no quede sabor a vinagre.

5. ¡Listo!

DESCALCIFICA EL HERVIDOR DE AGUA CON VINAGRE DE ALCOHOL

NECESITAS

- Vinagre de alcohol 12 %, 2 dl
- Agua.

También se puede limpiar el hervidor de agua con vinagre de alcohol. ¡Es pura magia!

PASOS A SEGUIR

1. Vierte el vinagre de alcohol y 5 decilitros de agua en el hervidor de agua. Hierve el agua.

2. Termina de llenar con agua hasta que el hervidor esté lleno (no tires el agua con el vinagre de alcohol que había antes). Llévalo a ebullición de nuevo.

3. Tira el agua con el vinagre de alcohol y enjuaga el hervidor con agua fría un par de veces.

4. ¡Listo!

ORDENA LA NEVERA

Una vez a la semana compro comida online con entrega a domicilio. Antes de la entrega, reviso la nevera, tiro los productos no aptos para el consumo y paso un paño con el limpiacristales milagroso. Después de eso, coloco los productos en un orden especial que creo que funciona bien.

El orden en una nevera hace que el cocinar sea mucho más inspirador. Nosotros tenemos una nevera combi, y a menudo es un desafío que quepa todo. También es importante que se vean todos los productos para que ningún alimento se olvide y, por lo tanto, se desperdicie.

ASÍ ES COMO ORGANIZAMOS NUESTRA NEVERA

ESTANTE 5 (superior): tarros y salsas. Aquí hay cosas que no usamos muy a menudo y que tienen una larga vida útil.

ESTANTE 4, lado izquierdo: productos lácteos y alternativas vegetales. Lado derecho: embutidos.

ESTANTE 3: tofu, queso feta, halloumi, quesos y productos similares.

ESTANTE 2, lado izquierdo: verduras y frutas. Lado derecho: zona de «alimentos de consumo prioritario» (ver páginas siguientes).

ESTANTE 1 (inferior): verduras y frutas (en cajones).

ESTANTE DE LA NEVERA - COMER PRIMERO

Ya sabes que el desperdicio de alimentos tiene un impacto muy grande en el medio ambiente, ¿verdad? Un consejo simple y eficaz para reducir el desperdicio de alimentos (¡y ahorrar dinero!) es hacer una sección en la nevera para los alimentos que deben comerse primero. Esto reduce el riesgo de que los alimentos caduquen, y de tener, por tanto, que desecharlos.

He escrito «alimentos prioritarios» en un pedazo de papel y luego lo he pegado por debajo del cristal con cinta adhesiva para marcar la sección. También lo puedes hacer con, por ejemplo, una tira de cinta aislante. Otra opción es colocar los alimentos en una caja especial. Lo mismo se puede hacer en la despensa.

¡Muchas gracias a @tipsochtrix por proponerme esta increíble idea!

¡Consejo! Coloca las zanahorias blandas y pochas en agua fría en la nevera. ¡Después de 24 horas, estarán crujientes y muy buenas!

ALIMENTOS
PRIORITARIOS

CONGELADOR

NECESITAS

- Invierno y temperaturas bajo cero
- Algunas cacerolas con agua hirviendo
- Cucharón de madera
- Toalla
- Placa de horno metálica.

DESCONGELAR EL CONGELADOR

Cuando el congelador no tiene capas de hielo, la comida se mantiene más fría y fresca y también se consume menos energía. También tiene un mejor aspecto y es más fácil inspirarte para cocinar y lograr mantener el orden.

Cuando se descongela el congelador, es una oportunidad perfecta para cocinar cualquiera de los productos congelados que se acercan a la fecha de caducidad. Aprovecha cuando es invierno y hay temperaturas bajo cero en el exterior para que los productos no tengan tiempo de descongelarse demasiado.

PASOS A SEGUIR

1. Desenchufa el congelador y vacíalo. Coloca todos los productos congelados en bolsas de plástico cerradas, y déjalas fuera al aire libre en el frío.
2. Coloca una toalla en el suelo delante del congelador y pon una placa de horno metálica encima. En ella se recogerá el agua del deshielo.
3. Coloca ollas con agua hirviendo en los estantes. Esto hace que el hielo se derrita más rápido.
4. Coge un cucharón de madera y rasca cuidadosamente los trozos de hielo.
5. Limpia el congelador una vez que todo el hielo se haya derretido. Luego limpia con el limpiacristales milagroso y un paño húmedo.
6. Friega los cajones del congelador a mano con lavavajillas en la bañera, ducha o fregadero. Sécalos.
7. Coloca todos los productos congelados y vuelve a enchufar el congelador.
8. ¡Listo!

ASÍ ES COMO ORGANIZAMOS NUESTRO CONGELADOR

ESTANTE 1 (superior): fruta congelada, bayas congeladas y cubitos de hielo.

ESTANTE 2: proteína.

ESTANTE 3: verdura.

ESTANTE 4 (inferior): otros productos congelados.

ALMACENA LAS FIAMBRERAS

Las fiambreras de vidrio transparente con contenido claramente visible apiladas en la nevera hacen que sea mucho más divertido aprovechar las sobras. Sin embargo, un requisito previo para hacer que esto funcione, es un buen sistema para almacenar las fiambreras y las tapas. Es terrible cuando llenas una fiambrera y todas las tapas que encuentras son del tamaño incorrecto. Esto puede hacerme perder las ganas de aprovechar las sobras.

Yo tengo una cocina de los años 50 y con muy poco espacio de almacenaje. Mi solución para las fiambreras ha sido colocarlas ordenadas según su tamaño en una estantería en el armario y tengo un archivador tumbado (que corté para que encajara en mi mueble) que me permite realizar también la clasificación por tamaño. ¡Es algo que funciona muy bien!

¡Consejo! Un archivador también funciona perfectamente para almacenar botellas de agua.

ORDENA LA DESPENSA

Es muy fácil que la despensa se llene con recipientes medio vacíos que se olvidan. Bolsas viejas con mezclas de semillas y granos, guisantes secos que no apetece cocinar y varios paquetes de pasta abiertos...

Como ya he comentado, tengo una cocina con poco espacio de almacenaje y la despensa siempre está abarrotada. ¡Qué maravilla sería tener la mayoría de los artículos de despensa en elegantes frascos de vidrio! Sin embargo, en una familia con niños con una alta rotación de productos, ha sido difícil poder seguir una rutina de este tipo.

ORDENA Y TIRA LOS PRODUCTOS DE LA DESPENSA

Mi mejor consejo es limpiar la despensa al menos dos veces al año (preferiblemente cuando hagamos una limpieza a fondo), para que los productos que han caducado puedan tirarse. Al mismo tiempo, aprovecha la oportunidad para juntar materias primas similares y que estén en diferentes paquetes abiertos, liberando así espacio.

¡Es el momento perfecto para aprovechar esos productos que rara vez se usan! Haz un cocido con, por ejemplo, lentejas y frijoles que llevan tiempo en la despensa, o haz unas hogazas de pan con la harina y las semillas que se acercan a la fecha de caducidad.

ALMACENAJE EN LA DESPENSA

En la parte superior de la despensa tengo dos cajas de plástico donde almaceno materias primas que rara vez se usan. Es mucho más fácil bajar una caja entera y encontrar lo que se está buscando, que subirse a una escalera y buscar un frasco específico en la parte superior detrás de todos los demás productos. Coloca lo que se usa a menudo en un lugar claramente visible, y ahorrarás tiempo e irritación.

REUTILIZA BOTELLAS DE CRISTAL

¿Tienes, al igual que yo, los armarios llenos de botellas de cristal vacías? ¡Aprovéchalas y reutilízalas! Llena las botellas con, por ejemplo, lavavajillas, jabón o crema de manos y coloca un tapón de dispensador viejo.

Perfecto si quieres el mismo tipo de botellas, para colocar una al lado de la otra en el fregadero y lograr un estilo más uniforme. ¡Práctico y elegante! (Ver también página 22).

TRAMPA PARA MOSCAS DE LA FRUTA

En verano, de repente puedes tener un montón de moscas de la fruta en la cocina debido a la presencia de alguna fruta demasiado madura. Una mosca de la fruta puede poner hasta 500 huevos en 10 días. Así que si no haces nada al respecto, se multiplican sin parar. Aquí tienes un consejo para tender una trampa efectiva para las moscas de la fruta.

PASOS A SEGUIR

1. Vierte el vinagre en un vaso y agrega el detergente.

2. Coloca el vaso donde estén las moscas.

3. ¡Listo!

Las moscas de la fruta se sienten atraídas por el líquido, y dado que el detergente elimina la tensión superficial, las moscas se ahogan inmediatamente cuando se posan sobre la superficie.

CONSEJOS PARA EVITAR QUE VUELVAN

• Guarda las frutas y verduras en la nevera.

• Asegúrate de mantener limpias todas las superficies de la cocina.

• Tira la basura todos los días.

NECESITAS

• Vinagre de manzana ecológico, 2 cucharadas soperas

• Lavavajillas líquido, 1 gota.

QUITA EL PEGAMENTO DE LOS BOTES DE VIDRIO

NECESITAS

- Aceite de coco ecológico (otro aceite de cocina también funciona, pero el aceite de coco se adhiere mejor), 1 parte
- Bicarbonato, 1 parte
- Estropajo.

¿No es genial poder reutilizar frascos de vidrio viejos para todo tipo de almacenaje? Pero los residuos de pegamento no son tan divertidos. Aquí tienes un consejo sobre cómo conseguir eliminar estas adherencias de los frascos de vidrio y que queden perfectamente transparentes y sin restos.

Si no tienes bicarbonato, puedes excluirlo, pero el bicarbonato hace que sea más fácil eliminar el pegamento.

PASOS A SEGUIR

1. Mezcla el aceite de coco y el bicarbonato (una cucharadita de café de cada uno suele ser suficiente para un bote) y unta la mezcla sobre el residuo de pegamento. Dejar actuar durante 15 minutos.

2. Frota el residuo de pegamento con un estropajo o similar. Quita el pegamento que se ha soltado con un trozo de papel de cocina.

3. Friega el frasco con lavavajillas y agua.

4. ¡Listo!

LIMPIA LA TABLA DE CORTAR DE MADERA CON LIMÓN Y SAL

¿Hay algo más desagradable que la fruta cortada que sabe a cebolla de la tabla de cortar, a pesar de que esté lavada? Afortunadamente, es fácil que la tabla de cortar de madera vuelva a quedar 100 % inodora y fresca con este truco de la abuela que funciona muy bien.

NECESITAS

- Limón ecológico, ½
- Sal, 1-2 cucharadas soperas.

PASOS A SEGUIR

1. Exprime el jugo de medio limón sobre la tabla de cortar. Luego frota bien con la mitad del limón.

2. Vierte una capa de sal sobre la tabla de cortar y frota un poco más. Añade un poco más de sal y deja actuar durante 15 minutos.

3. Enjuaga y seca la tabla de cortar.

4. ¡Listo!

Después de la limpieza, puedes aprovechar la oportunidad para tratar la tabla de cortar con aceite de coco ecológico. Ver página siguiente.

¡Consejo! Aprovecha para limpiar el lavavajillas con la mitad del limón exprimido, ver página 67.

TRATA LA MADERA CON ACEITE DE COCO

NECESITAS

• Aceite de coco ecológico.

¿Sabías que puedes tratar las tablas de cortar, las encimeras y los utensilios de cocina de madera con aceite? El aceite de coco ecológico es perfecto para ello porque es antibacteriano y no se enrancia tan rápido como otros aceites vegetales. También evita el riesgo de trapos que se autoinflaman y se obtiene una superficie no tóxica garantizada.

PASOS A SEGUIR

1. Unta la madera con un poco de aceite y déjalo reposar durante la noche.

2. Retira el exceso de aceite.

3. ¡Listo!

La madera tratada con aceite dura más tiempo, así que no olvides tratarla cuando la madera comience a verse seca nuevamente.

FILTRO PARA VENTANA DE KÉFIR

¿Sabías que puedes crear un filtro que aporte una privacidad agradable y libre de plástico con kéfir?

Se hace rápidamente, deja pasar gran cantidad de luz, no huele cuando se ha secado y es fácil de retirar. ¡Una manera perfecta de aprovechar los últimos restos de kéfir que quedan en el recipiente!

Esto realmente no tiene nada que ver con la limpieza, pero es un consejo tan divertido que tenía que incluirlo en el libro.

PASOS A SEGUIR

1. Selecciona la altura de la parte superior de la protección y dibuja cuidadosamente con un lápiz una marca en los lados derecho e izquierdo, y coloca la cinta de lado a lado.

2. Humedece la esponja/rodillo en el kéfir y unta/pinta una capa lo más regular y delgada posible.

3. Quita la cinta.

4. ¡Listo!

Si quieres ser creativo, puedes hacer todo tipo de patrones con la ayuda de la cinta, la esponja o con un pincel. Por ejemplo, en Halloween y Navidad puedes hacer esqueletos, fantasmas, telas de araña, nieve o estrellas. Solo tu imaginación pondrá los límites.

El kéfir se retira fácilmente con el limpiacristales milagroso y un paño de microfibra. Termina secando con un paño de microfibra seco.

NECESITAS

- Un poco de kéfir, yogur de soja o de avena

- Cinta (he usado cinta transparente, pero también funciona bien con cinta aislante)

- Esponja seca o rodillo.

GACHAS DE COPOS DE AVENA LUJOSAS

NECESITAS

(1 ración)

- 2 dl de agua
- 3/4 dl de harina de copos de avena
- Una pizca de sal.

¡CONSEJO! Es más conveniente triturar una gran cantidad de copos de avena de golpe, obtener la harina y luego verterla en un frasco. Pero, si quieres probarlo para ver si te gusta el sabor, puedes triturar solo una porción de gachas de copos de avena primero..

¡Ahora quiero proponerte las gachas de avena más sabrosas del mundo que son 100 veces más buenas que las gachas convencionales!

Dado que las gachas de avena son un desayuno muy bueno (respetuoso con el medio, saludable y barato), creo que vale la pena probarlo. No sé cuántas personas se han puesto en contacto conmigo y me han dicho que ellos y/o sus hijos que anteriormente odiaban las gachas, ahora quieren comer gachas gourmet de copos de avena todas las mañanas. Por alguna extraña razón, las gachas de avena hechas con harina de copos de avena tienen un sabor completamente diferente. Saben más a gachas de sémola.

PASOS A SEGUIR

1. Lleva agua, harina de copos de avena y sal a ebullición, removiendo, en una cacerola. Deja hervir durante unos minutos. Agrega un poco de agua si la consistencia es demasiado espesa

2. ¡Listo!

Para añadir un toque de sofisticación, puedes darle gusto previamente a la harina de copos de avena con, por ejemplo, cardamomo, vainilla en polvo o canela. También está muy bueno si pones un poco de mantequilla o aceite de coco en la cacerola cuando las gachas están hirviendo.

Para elevarlo a otro nivel, también puedes tostar ligeramente los copos de avena en el horno antes de triturarlos: coloca los copos uniformemente sobre una placa de horno y métela en un horno frío. Pon el horno a 175 grados, y cuando se alcance la temperatura (se apaga la luz), los copos estarán tostados.

¿Quieres hacer tu propia leche de avena rápidamente? Pon la harina de los copos de avena y el agua (aproximadamente 2 decilitros de agua + 1,5 cucharada sopera de harina de copos de avena) en una cafetera de prensa, remueve y espera unos minutos. Presiona. ¡Listo!

RECICLAJE

Hay mucha basura para clasificar con todos los envases y desechos que se tiran. ¿Cómo se puede almacenar lo que tiene que ser reciclado para evitar el caos? ¿Qué va a los contenedores de reciclaje y qué va al punto verde? Estas preguntas y muchas otras se responden en este capítulo.

ALMACENAJE DE RESIDUOS EN CASA

La gestión de residuos en casa puede convertirse en una ardua tarea. ¿Cómo conseguir un sistema que funcione sin montañas de basura visibles en la cocina?

Como dispongo de poco espacio en la cocina, mi solución a medias son bolsas de almacenaje vistas porque no caben en ningún armario. En realidad, quería tener un baúl de almacenaje en el porche con bolsas dentro, pero entonces llegué a la conclusión de que una «solución intermedia» no funcionaría. Porque una vez que estoy en la cocina y abro un paquete, quiero poder deshacerme rápidamente del envase. ¡No tengo ánimo para salir al porche mientras cocino! Por lo tanto, tengo que tener una solución en la cocina. Si tiene que caber en los armarios de la cocina (cocina antigua obsoleta), los contenedores han de ser muy pequeños. ¡No quiero vaciar los contenedores cada día o cada dos días en el baúl del porche!

No, he acabado por aceptar que he de tener el almacenaje de los residuos en la cocina, y en un formato un poco más grande. Pero no en bolsas de papel inestables donde nunca sé realmente qué va en qué bolsa y todo es un caos y las bolsas se desbordan. Esta opción de IKEA fue la solución. Vaciamos las tres bolsas en los contenedores de reciclaje una vez a la semana. Se pueden separar y cada bolsa tiene sus propias asas. Las pilas y las bombillas se almacenan en cajas blancas en un armario de la cocina.

Todo el reciclaje en la misma bolsa

Una forma de ahorrar espacio (que, sin embargo, requiere vaciar con frecuencia) es recoger todos los envases domésticos, el papel y el vidrio en una bolsa. Entonces puedes clasificar el material in situ en los contenedores de reciclaje en lugar de hacerlo en casa. Este método creo que encaja perfectamente en un hogar pequeño/persona que vive sola, donde no habrá tantos envases que reciclar.

¿QUÉ TIRAR EN LOS CONTENEDORES DE RECICLAJE?

En los contenedores de reciclaje debemos tirar, **papel y cartón, envases domésticos, vidrio, materia orgánica y otros desechos (resto).**

Los envases domésticos, el papel, el cartón y el vidrio son considerados como un material valioso que se puede reciclar y convertirse en nuevos productos

¿DÓNDE ESTÁN LOS CONTENEDORES DE RECICLAJE?

Los contenedores de reciclaje se encuentran a poca distancia de todos los hogares del país.

¿QUÉ SE PUEDE TIRAR EN EL CONTENEDOR DE PAPEL?

Todo tipo de revistas, cuadernos, periódicos, envoltorios, folletos y sobres sin ventanilla. Cajas de cartón de embalar, cajas de alimentos (cereales, precocinados, galletas, etc.) y de zapatos.

¿QUÉ SE PUEDE TIRAR EN EL CONTENEDOR DE ENVASES?

En este contenedor se tiran envases metálicos (latas de conserva y bebidas) o que contengan papel de aluminio (bandejas y papel de aluminio). También se desechan botellas de plástico, aerosoles, tarrinas y tapas de yogur, bandejas de corcho blanco y film de plástico. También las tapas y tapones de plástico, metal y chapas.

¿QUÉ SE PUEDE TIRAR EN EL CONTENEDOR DE VIDRIO?

En este contenedor se tiran los envases de vidrio. Esto incluye las botellas de vidrio, los frascos de vidrio de las colonias o perfumes y los tarros de alimentos como los tarros de habichuelas, garbanzos o mermelada. Pero un vaso, una copa o un cristal de ventana rotos, sin embargo, no son de vidrio, sino de cristal. El cristal contiene plomo y no puede reciclarse con el vidrio. Los vasos/copas/ventanas rotas deben tirarse al contenedor de restos.

¡Consejo! Por favor, utiliza los sobres como papel para notas antes de tirarlos.

¿EL ENVASE ESTÁ HECHO DE METAL O PLÁSTICO?

A veces puede ser difícil determinar si un paquete está hecho de aluminio (metal) o plástico. Una bolsa de patatas fritas plateada, por ejemplo..., ¿es aluminio o plástico?

Un truco para averiguarlo es arrugar el envase con las manos. Si se despliega, es plástico, si no se despliega, está hecho principalmente de metal.

HAZ ESTO CON TUS ENVASES

1. Vacía los envases. No es necesario enjuagarlos.

2. Separa los materiales si es fácil, por ejemplo, desenrosca el tapón de plástico del envase de leche. El envase hecho de varios materiales que son más difíciles de separar debe clasificarse teniendo como referencia el material dominante. En el envase generalmente también suele poner cómo se debe clasificar el material.

3. Aplana los envases, si es posible.

4. Clasifica el material en diferentes bolsas/contenedores (o ponlo todo junto).

5. Intenta llevar los residuos a los contenedores al menos una vez a la semana como una rutina, para evitar las montañas de basura en casa.

REUTILIZACIÓN DE ENVASES

Algo mejor que reciclar es reutilizar. Muchos envases domésticos son excelentes para el almacenaje en el hogar. Las cajas de plástico de helado, por ejemplo, son perfectas para almacenar bombillas y baterías.

¿QUÉ LLEVAR A UN PUNTO VERDE?

Los residuos peligrosos, residuos electrónicos, muebles, productos de decoración, textiles y similares deben dejarse en un punto verde.

¿DÓNDE ESTÁN LOS PUNTOS VERDES?

Busca en internet el nombre de tu municipio, junto con «punto verde» para encontrar uno cerca. Algunos municipios recogen residuos voluminosos en casa o se pueden dejar junto a los contenedores cierto día de la semana.

RESIDUOS PELIGROSOS

Los residuos peligrosos pueden dañar a las personas y al medio ambiente si terminan en el lugar equivocado. Los residuos peligrosos son cualquier cosa que pueda ser tóxica, cancerígena, corrosiva, dañina para el feto, peligrosa para el medio ambiente, infecciosa o inflamable. Esto no debe desecharse en la basura habitual ni tirarse por el desagüe, sino que debe dejarse en un punto verde.

Los puntos verdes municipales recogen residuos peligrosos. Algunos municipios recogen residuos peligrosos directamente de los hogares. Busca en internet el nombre de tu municipio, junto con «residuos peligrosos» para averiguar qué hacer.

¿QUÉ HACER CON LOS AEROSOLES?

Los aerosoles vacíos deben estar completamente vacíos de producto y de gas si se van a reciclar como envase en un contenedor de reciclaje.

De lo contrario, deben clasificarse como residuos peligrosos en un punto verde.

¿QUÉ ES UN RESIDUO PELIGROSO?

- Pintura, barniz y pegamento
- Productos químicos (por ejemplo, tinte de cabello, pesticidas, detergentes fuertes)
- Residuos eléctricos (cualquier cosa que tenga un cable o una pila/batería)
- Pilas
- Medicamentos.

RESTOS ORGÁNICOS

Muchos municipios recogen los restos orgánicos de los residentes en bolsas especiales, que luego se convierten en biogás o biofertilizantes. El biogás es un combustible respetuoso con el medio ambiente para coches de biogás, mientras que los biofertilizantes se utilizan como nutrientes para tierras de cultivo.

También se puede realizar el proceso de compostaje en casa para el desperdicio de alimentos, lo que proporciona una mejora al suelo y a la nutrición al jardín. Pero para ello, se requieren contenedores aprobados y posiblemente también un permiso del municipio.

Busca en internet el nombre de tu municipio, junto con «desperdicio de alimentos» o «compostaje» para ver qué normativa afecta a tu zona.

QUÉ PONER EN LA BOLSA DE RESTOS ORGÁNICOS

- Residuos de carne, pescado y marisco
- Pasta, arroz
- Restos de pan, cáscaras de huevo
- Residuos de hortalizas y fruta
- Hojas de té, posos de café, filtros y papel de cocina sin color.

QUÉ NO PONER EN LA BOLSA DE RESTOS ORGÁNICOS

- Ceniza, tabaco, colillas de cigarrillos
- Polvo, bolsas de aspiradora
- Palitos de helado, palillos
- Tierra, plantas de macetas, flores cortadas, residuos de jardín, grandes cantidades de fruta del huerto (esto pesa mucho y se vuelve demasiado pesado)
- Arena para gatos, velas, corchos de botellas de vino.

¿Sabías que un coche propulsado por biogás puede recorrer 7,5 km con 100 pieles de plátano?

BAÑO

Un baño limpio y fresco es de lo mejor que hay. Pero también es una de las habitaciones en las que puede haber mucho movimiento, especialmente si viven muchas personas en la misma casa. Aquí tienes un montón de consejos que te beneficiarán. Por ejemplo, dales una nueva vida a las juntas de los azulejos con pasta de bicarbonato o deja la mampara de la ducha transparente y reluciente con el limpiacristales milagroso.

1. LAVAMANOS Y BAÑERA

NECESITAS

- Limpiacristales milagroso (ver página 16)
- Espray de jabón de aceite de linaza (ver página 17)
- Paño de microfibra
- Estropajo

Frota la bañera y el lavamanos con espray de jabón de linaza y el estropajo con la parte gruesa hacia abajo y limpia el grifo con el limpiacristales milagroso y un paño de microfibra. Enjuaga.

LIMPIEZA SEMANAL DEL BAÑO EN SEIS PASOS

2. INODORO

NECESITAS

- Toallitas milagrosas para el inodoro (ver página 116)
- Jabón de aceite de linaza
- Escobilla del inodoro

Limpia todas las partes del inodoro excepto el interior con toallitas milagrosas o paño de microfibra/papel higiénico y el limpiacristales milagroso.

Luego frota el interior del inodoro con jabón de aceite de linaza y la escobilla del inodoro y descarga.

3. DUCHA

NECESITAS

- Limpiacristales milagroso (ver página 16)
- Estropajo
- Paño de microfibra

Limpia la ducha frotando con el estropajo y el limpiacristales milagroso. Enjuaga y seca con un paño de microfibra seco.

4. ESPEJO DEL BAÑO

Limpia el espejo con el limpiacristales milagroso y un paño de microfibra húmedo. Seca con un paño de microfibra seco.

5. LIMPIA LAS SUPERFICIES

Limpia las molduras y las manijas con el limpiacristales milagroso en un paño de microfibra.

NECESITAS

- Limpiacristales milagroso (ver página 16)

- Paño de microfibra, 2 unidades.

6. LIMPIA EL SUELO

Aspira y friega el suelo con agua y jabón de aceite de linaza (ver página 33) mientras ventilas con las ventanas abiertas, si es posible.

NECESITAS

- Jabón de aceite de linaza.

TOALLITAS MILAGROSAS PARA EL INODORO

NECESITAS

- Limpiacristales milagroso, 5 dl (ver página 16)
- Toallitas de papel para bebé
- Fiambrera/bote con tapa hermética.

Si no quieres utilizar trapos reutilizables para el inodoro, estas toallitas empapadas en el limpiacristales milagroso son perfectas para una limpieza sencilla. Después de su uso, tira las toallitas a la papelera del baño. Allí ayudan a neutralizar los olores gracias al vinagre de alcohol. Las toallitas también se pueden utilizar para la limpieza rápida de otras superficies en el hogar, pero no sobre piedra natural.

PASOS A SEGUIR

1. Dobla las toallitas de papel (preferiblemente una dentro de la siguiente) y colócalas una a una en el bote.

2. Añade el limpiacristales para humedecer las toallitas.

3. Presiona con fuerza sobre las toallitas con la parte posterior de una cuchara o la parte inferior de una taza, y quita el líquido sobrante para que las toallitas no se humedezcan demasiado. Utiliza el sobrante para, por ejemplo, descalcificar el hervidor de agua, o añade más toallitas. Coloca la tapa.

4. ¡Listo!

Las toallitas milagrosas tienen una larga vida útil gracias al efecto conservador del vinagre de alcohol.

¡OJO! Mantén las toallitas fuera del alcance de niños y no confundas estas toallitas con las toallitas húmedas caseras para niños, en caso de tenerlas. Marca bien los botes para no equivocarte.

MANCHAS DE ORINA SECA DEBAJO DEL ASIENTO DEL INODORO

NECESITAS

- Guantes desechables
- Terrones de azúcar, pero no de disolución rápida
- Pasta de bicarbonato (ver página 17)
- Cepillo de dientes viejo.

La orina debajo del asiento del inodoro puede causar manchas opacas que son difíciles de eliminar. Sin embargo, se pueden quitar con estos trucos.

PASOS A SEGUIR

Opción 1: Humedece un terrón de azúcar con un poco de agua y frota sobre las manchas hasta que hayan desaparecido.

Opción 2: Aplica un poco de pasta de bicarbonato sobre las manchas y deja actuar durante 15 minutos. Frota después con un cepillo de dientes viejo y un poco de agua.

JABÓN EN LA ESCOBILLA

NECESITAS

- Jabón líquido.

Este es un gran consejo que me dio mi amiga Louise Scott, quien lleva la cuenta de Instagram @tipsochtrix: vierte un poco de jabón líquido sobre la escobilla del inodoro alguna vez a la semana. Esto hace que el inodoro esté un poco más limpio cada vez que se usa la escobilla. ¡Alternativa perfecta y respetuosa con el medio ambiente a los bloques de inodoro!

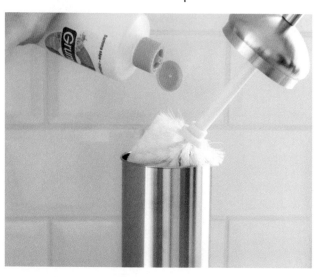

MANCHAS EN EL INODORO

¿Sabes esas manchas de cal oscura del inodoro que son imposibles de quitar? Prueba el truco con papel higiénico y vinagre de alcohol y lo más probable es que las manchas finalmente desaparezcan.

PASOS A SEGUIR

1. Ponte guantes y retira el agua del inodoro con el recipiente de plástico.

2. Coloca papel higiénico en todas las manchas, incluso en la curva.

3. Vierte cuidadosamente el vinagre de alcohol sobre el papel higiénico y déjelo actuar durante la noche.

4. Rasca las manchas con una herramienta de plástico (por ejemplo, un cuchillo de plástico) o terrones de azúcar.

5. Tira el papel higiénico a la basura y frota el inodoro con jabón de aceite de linaza y la escobilla. Descarga.

6. ¡Listo!

NECESITAS

• Guantes desechables

• Recipiente de plástico vacío para alimentos, como un yogur o similar

• Papel higiénico

• Vinagre de alcohol 12 %

• Herramienta de plástico para rascar, como un cuchillo de plástico

• Si es necesario, terrones de azúcar, no de disolución rápida

• Jabón de aceite de linaza

LIMPIA LA MAMPARA DE LA DUCHA

NECESITAS

• Limpiacristales milagroso (ver página 16)

• Estropajo

• Paño de microfibra seco.

@tuschpenna lo había intentado todo: «Nunca ha funcionado ningún detergente». Pero entonces @tuschpenna probó el limpiacristales milagroso en su ducha. «¡Cuando mi marido vio el resultado, fue directamente a la tienda y compró más vinagre de alcohol!».

PASOS A SEGUIR

1. Rocía abundantemente con el limpiacristales sobre la mampara. (Usa el chorro, no la «nube», para evitar demasiado vinagre de alcohol en el aire).

2. Frota toda la mampara con el lado áspero de un estropajo. Enjuaga.

3. Termina frotando la mampara hasta secarla con un paño de microfibra seco.

4. ¡Listo!

Si es necesario, también puedes aplicar una capa de pasta de bicarbonato (ver página 17); déjala actuar durante 30 minutos y luego frota. Para evitar nuevas manchas en el futuro: trata de adquirir el hábito de repasar la mampara con un raspador de ventana después de cada ducha.

ANTES: DESPUÉS:

Foto: @tuschpenna

¡OJO! El vinagre de alcohol no debe usarse sobre piedra natural, ya que puede causar manchas..

RASCAVIDRIOS PARA LAS MANCHAS DE CAL PERSIS-TENTES EN LA MAMPARA

Si has probado tanto el limpiacristales milagroso como la pasta de bicarbonato en la mampara y no ha funcionado, un rascavidrios puede ser la salvación.

PASOS A SEGUIR

1. Moja la mampara con agua.

2. Rasca suavemente con un rascavidrios.

3. Termina limpiando con el limpiacristales y finalmente seca con un paño de microfibra seco.

4. ¡Listo!

NECESITAS

• Rascavidrios

• Limpiacristales milagroso (ver página 16)

• Paño de microfibra seco.

LIMPIA LA CAL DEL CABEZAL DE LA DUCHA

Aquí tienes un consejo sobre cómo puedes darle una nueva vida al cabezal de la ducha fácilmente.

PASOS A SEGUIR

1. Coloca el cabezal de la ducha hacia abajo en un recipiente con el vinagre de alcohol. Si es necesario, vierte un poco de agua para que la parte inferior del cabezal de la ducha esté cubierto y déjalo actuar durante al menos 30 minutos.

2. Saca el cabezal de la ducha y espolvoréalo con un poco de bicarbonato y déjalo burbujear.

3. Cuando haya terminado de burbujear: frota con el cepillo de dientes.

4. Enjuaga con agua tibia.

5. ¡Listo!

NECESITAS

• Vinagre de alcohol 12 %, 2 dl

• Bicarbonato, 1 cucharadita de café

• Cepillo de dientes viejo.

LIMPIA LAS JUNTAS DE LOS AZULEJOS Y LAS BALDOSAS

NECESITAS

• Pasta de bicarbonato (ver página 17)

• Cepillo de dientes o similar

• Paño de cualquier material.

Unas juntas limpias en la cocina y el baño realmente dan una muy buena impresión general. Este método es simple, económico, respetuoso con el medio ambiente e increíblemente efectivo.

PASOS A SEGUIR

1. Aplica la pasta en las juntas. Deja actuar durante unos 15 minutos.

2. Frota las juntas con el cepillo de dientes. Sumerge el cepillo de dientes en agua si queda demasiado seco.

3. Limpia con un paño y agua.

4. ¡Listo!

MANCHAS DE CAL EN LOS AZULEJOS Y LAS BALDOSAS

NECESITAS

• Pasta de bicarbonato (un poco más líquida) en partes iguales bicarbonato y agua

• Estropajo

• Paño de cualquier material

• Si es necesario, limpiacristales milagroso (ver página 16).

Las manchas de cal en los azulejos y las baldosas son bastante comunes. Sin embargo, con la pasta de bicarbonato, pueden desaparecer.

PASOS A SEGUIR

1. Extiende una capa generosa de pasta de bicarbonato en el suelo/pared y deja actuar durante 30 minutos.

2. Frota con el lado áspero de un estropajo y quita la pasta con un paño húmedo.

3. ¡Listo!

Si es necesario, también puedes frotar con el limpiacristales milagroso. Sin embargo, no sobre piedra natural como granito o mármol, ya que el vinagre de alcohol puede dejar manchas.

PASTA DE
BICARBONATO

TOALLITAS HÚMEDAS CASERAS PARA NIÑOS

En lugar de comprar toallitas húmedas con contenido cuestionable, puedes hacer las tuyas de manera muy fácil. Perfecto para pieles sensibles de bebé. Simplemente llévate la caja en el cochecito. Mucho mejor para la piel, el medio ambiente y el bolsillo.

PASOS A SEGUIR

1. Dobla las toallitas (preferiblemente una dentro de la siguiente) y llena el bote. Deben llegar hasta el borde cuando las presiones hacia abajo.

2. Pon el aceite de coco en el agua hirviendo y remueve hasta que se haya disuelto. Vierte el líquido sobre las toallitas.

3. Presiona con fuerza sobre las toallitas con la parte posterior de una cuchara o la parte inferior de una taza, y quita el líquido sobrante para que las toallitas no se humedezcan demasiado.

4. ¡Listo!

Las toallitas húmedas caseras tienen una vida útil de aproximadamente una semana. También se pueden utilizar recortes de sábanas o toallas de felpa para las toallitas húmedas lavables. Evita bacterias innecesarias en el frasco (no toques más toallitas que las que vayas a usar).

NECESITAS

• Toallitas sin blanquear con ecoetiqueta, alrededor de 25 unidades

• Fiambrera/bote con tapa hermética (yo uso una fiambrera de vidrio, 1,5 litros)

• Aceite de coco ecológico, 1,5 cucharaditas de café

• Agua hirviendo, 5 dl.

ALMOHADILLAS DE ALGODÓN DESMAQUILLANTES LAVABLES

NECESITAS

- Agua, aproximadamente 4 dl

- Aceite de coco ecológico (sabor neutro o natural), 1 cucharada sopera

- Almohadillas de algodón lavables (de, por ejemplo, felpa o franela)

- Frasco de vidrio con tapa hermética

En lugar de toallitas desmaquillantes que se usan una vez y luego se tiran, puedes hacer almohadillas desmaquillantes lavables. Son completamente ecológicas y respetuosas con el cutis y se lavan en la lavadora después de su uso, y luego se reutilizan una y otra vez.

PASOS A SEGUIR

1. Lleva el agua a ebullición y viértela en un cuenco. Agrega el aceite de coco y remueve hasta que se haya disuelto.

2. Coloca las almohadillas de algodón en el frasco de vidrio y vierte el líquido por encima.

3. Deja que las almohadillas absorban el líquido. Presiona con fuerza sobre las almohadillas con la parte posterior de una cuchara o la parte inferior de una taza, y quita el líquido sobrante. Pon la tapa.

4. ¡Listo!

Las almohadillas tienen una vida útil de aproximadamente una semana. Evita bacterias innecesarias en el frasco (no toques más almohadillas que las que vayas a usar)..

CÚRCUMA COMO BLANQUEADOR DENTAL

Puede sonar una locura, pero cepillarse los dientes con cúrcuma de color amarillo intenso puede hacer que tus dientes queden mucho más blancos. Junto con un poco de aceite de coco, se forma una pasta de dientes dorada con propiedades antiinflamatorias y antibacterianas, lo que también hace que los dientes se sientan superlimpios y frescos después.

NECESITAS

- Cúrcuma ecológica, 1 pizca
- Aceite de coco ecológico, 1 pizca
- Cepillo de dientes.

PASOS A SEGUIR

1. Mezcla la cúrcuma y el aceite de coco hasta obtener una pasta y ponla en el cepillo de dientes.

2. Cepíllate los dientes suavemente con la pasta de dientes dorada durante unos minutos.

3. Enjuágate la boca y cepíllate los dientes con la pasta de dientes habitual para eliminar los restos de cúrcuma.

4. ¡Listo!

Repite el tratamiento durante unos días seguidos si es necesario.

¡OJO! Los dientes se vuelven amarillos durante el tratamiento. Pero no tengas miedo, el amarillo desaparece cuando te cepillas los dientes con tu pasta de dientes habitual después.

COLETEROS DE PANTIS ROTOS

NECESITAS

• Tijeras

• Pantis rotos

Para todos los que, como yo, perdemos los coleteros todo el tiempo, aquí tenéis un muy buen consejo sobre cómo convertir unos pantis rotos en muchos coleteros y cintas para el pelo (en lugar de tirarlos).

PASOS A SEGUIR

1. Corta las piernas de los pantis en tiras de aproximadamente 5 cm de ancho.

2. Tira un poco de las tiras para que se enrollen = coletero.

3. Corta la parte superior de los pantis en tiras de aproximadamente 8 cm de ancho = cintas para el pelo.

4. ¡Listo!

Estos coleteros/cintas de pelo son muy delicados con el pelo, ya que no tienen parte metálica..

LAVADERO

En este emocionante capítulo encontrarás consejos para, por ejemplo, eliminar manchas, trucos de lavado de la abuela, cómo hacer un suavizante ecológico y un ambientador textil. También aprenderás cómo limpiar las suelas de las zapatillas y las gorras

QUITA LAS MANCHAS

Aquí tienes algunos consejos realmente buenos para la eliminación de manchas. De hecho, tenía la intención de llenar estas páginas con más consejos, pero después de ir probando diferentes métodos para diferentes manchas, he descubierto que no todos son siempre efectivos. Es por eso que solo he incluido aquellos que siento que realmente funcionan.

MANCHAS DE BAYAS

NECESITAS

• Agua hirviendo.

El agua hirviendo es mágica tanto contra las manchas de bayas secas como de las frescas. ¡Simplemente vierte agua hirviendo sobre la mancha hasta que desaparezca! También funciona en la lana, porque la lana, de hecho, puede soportar altas temperaturas (pero no en combinación con la fricción, ya que entonces la lana se encoge, así que no frotes/toques).

MANCHAS DE SANGRE RECIENTE

NECESITAS

• Agua helada.

Las manchas de sangre reciente se eliminan más fácilmente con agua helada, de inmediato. Simplemente enjuaga con agua fría hasta que la mancha desaparezca.

MANCHAS DE SANGRE SECA

NECESITAS

• Paño

• Agua

• Detergente líquido para ropa de color sin perfume

Hice experimentos con diferentes quitamanchas y, por casualidad, descubrí una forma de eliminar las manchas de sangre seca al cien por cien.

PASOS A SEGUIR

1. Humedece la mancha con un paño húmedo.

2. Frota suavemente con un poco de detergente sobre la mancha y espera 30 minutos.

3. Frota suavemente la mancha con el paño húmedo hasta que la mancha desaparezca.

4. Seca con el secador de pelo para evitar marcas de agua.

5. ¡Listo!

MANCHAS DE GRASA

Una pequeña mancha de grasa realmente puede arruinar una prenda entera. Afortunadamente, el lavavajillas líquido funciona muy bien contra la grasa, y si lo dejas reposar con agua caliente, aún mejor.

PASOS A SEGUIR

1. Absorbe todo el exceso de grasa con un paño/servilleta de papel.

2. Vierte agua hirviendo en un tazón pequeño que resista temperaturas altas.

3. Pon un poco de lavavajillas líquido sobre la mancha y coloca la parte de la prenda manchada de grasa en el tazón. Deja reposar durante la noche.

4. Lava como de costumbre en la lavadora.

5. ¡Listo!

NECESITAS

- Agua hirviendo
- Lavavajillas líquido
- Paño

MANCHAS DE ALIMENTOS PARA BEBÉS, MANCHAS DE TOMATE Y MANCHAS DE FRUTA

El sol hace un trabajo increíblemente bueno en manchas de comida para bebés, las manchas de tomate y algunas manchas de fruta. Simplemente cuelga las prendas al sol o en una ventana soleada durante un día y las manchas desaparecerán. ¡Pura magia!

NECESITAS

- Sol!

ANTES: sister

DESPUÉS: sister

Foto: @fixar.sorken

SUAVIZANTE INOCUO AL MEDIO AMBIENTE

NECESITAS

- Vinagre de alcohol 12 %, 2 dl
- Agua, 3 dl
- Aceite esencial ecológico, alrededor de 10 gotas (opcional)
- Botella.

El vinagre de alcohol es una alternativa al suavizante, inocua al medio ambiente y a la salud. Hace que la ropa quede más suave, menos estática y elimina los malos olores. También ayuda a preservar los colores de las prendas y limpia la máquina al mismo tiempo. Si deseas que la ropa huela mucho mejor, puedes agregar aceite esencial ecológico.

PASOS A SEGUIR

1. Mezcla todos los ingredientes en una botella.

2. Agita la botella antes de usarla si has agregado aceite esencial y vierte aproximadamente 2 cucharadas soperas del suavizante en el compartimiento del suavizante.

3. ¡Listo!

Agita la botella antes de cada uso si has agregado aceite esencial. La ropa puede oler un poco a vinagre de alcohol mientras esté mojada, pero una vez que se seque, ese olor desaparecerá.

SUAVIZANTE CON FRAGANCIA DE PIEL DE CÍTRICOS

Usa pieles de limón, naranja, lima u otras frutas cítricas para perfumar el suavizante. ¡El suavizante olerá a Fanta! Cuando llegue el momento de lavar: vierte aproximadamente 2 cucharadas soperas del suavizante en su correspondiente compartimento.

PASOS A SEGUIR

1. Coloca las pieles en un bote pequeño (no importa si tienen un poco de capa blanca, pero no se debe incluir pulpa) y rellena con vinagre de alcohol. Pon una tapa y déjalo durante 1 semana a temperatura ambiente.

2. Cuela las pieles y vierte el líquido en una botella limpia. Añade el agua y agita.

3. ¡Listo!

NECESITAS

• Pieles de cítricos ecológicos enjuagadas

• Vinagre de alcohol 12 %, alrededor de 2 dl

• Agua, 3 dl

• Bote con tapa

• Botella

¿ROPA MALOLIENTE?

Si tienes prendas que huelen a rancio, o si has comprado ropa usada que huele a suavizante, puedes remojar las prendas en la bañera o en un barreño durante la noche junto a un par de decilitros de vinagre de alcohol. Lava como de costumbre. Termina aireando la prenda. Repite si es necesario.

NECESITAS

• Vinagre de alcohol 12%

AMBIENTADOR TEXTIL CON AGUA DE CONDENSACIÓN

NECESITAS

• Agua destilada de la secadora (agua de condensación), 2 dl

• Aceite esencial ecológico, 5-10 gotas

• Una botella con pulverizador

¿Por qué gastar dinero en comprar agua de plancha/ambientador textil cuando es tan barato y fácil hacer el tuyo propio? Aprovecha el agua de condensación destilada de la secadora que de otro modo se habría desechado y agrega solo aceite esencial.

El ambientador textil se puede rociar sobre la ropa para refrescarla entre lavados (¡perfecto para ventilar!) y antes de planchar. El espray también se puede utilizar como un ambientador de fragancia natural en el hogar.

PASOS A SEGUIR

1. Vierte el agua destilada a través de un filtro de café para eliminar cualquier residuo de fibras textiles de la secadora.

2. Vierte el agua en el pulverizador y agrega el aceite esencial. Haz pruebas con el número de gotas dependiendo de lo concentrado que quieras el espray.

3. Coloca una boquilla de pulverización y agita la botella.

4. ¡Listo!

¡CONSEJO! El agua de condensación también es ideal para ser utilizada como agua en la plancha de vapor, ya que no contiene cal, que de otra manera estropearía la plancha y la ropa. Si no tienes una secadora que recoja el agua de condensación, el agua destilada se puede comprar en el supermercado y en estaciones de servicio como «agua para baterías».

Agita la botella antes de cada uso. El agua destilada no contiene ni sales metálicas ni microorganismos, factor que extiende la vida útil del ambientador textil.

LIMPIA LA LAVADORA

NECESITAS

- Jabón de aceite de linaza

- Vinagre de alcohol 12 %

- Estropajo

¡OJO! Recuerda dejar siempre abierto el compartimento de detergente y la puerta de la lavadora después del lavado para evitar malos olores y moho. Usa vinagre de alcohol como suavizante para mantener la lavadora limpia al mismo tiempo.

ESCONDE LA ROPA
LIMPIA SIN DOBLAR

¡Qué desagradable que la ropa recién lavada huela a rancio! ¡Es hora de limpiar la lavadora!

PASOS A SEGUIR

1. Retira el recipiente del compartimento del detergente y friégalo con jabón de aceite de linaza. Si la suciedad está incrustada: coloca unas capas de papel higiénico en el compartimento y remoja el papel con vinagre de alcohol. Espera 1 hora y luego friega el recipiente.

2. Frota la tira de goma de la puerta y el interior de la lavadora con un estropajo húmedo, agua y jabón de aceite de linaza.

3. Vacía el filtro de la lavadora (una pequeña escotilla en la parte inferior delantera) donde se recogen cabellos, fibras textiles y otras cosas.

4. Vierte 3 decilitros de vinagre de alcohol en el compartimento del detergente y pon la lavadora vacía con un programa a 90 grados.

5. ¡Listo!

ESCONDE LA ROPA LIMPIA SIN DOBLAR

Muchas personas probablemente sufran el problema de las grandes pilas de ropa limpia que nadie quiere recoger. Aquí tenéis mi mejor consejo: deja la ropa limpia sobre una sábana limpia o el sofá, si no tienes un lavadero que pueda estar abarrotado de ropa. Cuando lleguen los invitados, o si deseas quitar la ropa de en medio, simplemente doble los extremos de la sábana y mete el bulto en un armario. El bulto se puede mover después, fácilmente, a la cama, donde puedes doblar cómodamente la ropa. Dado que la sábana es grande, tendrás una visión general rápida de toda la ropa y encontrarás fácilmente, por ejemplo, los calcetines para emparejar.

LIMPIA LA GORRA EN EL LAVAVAJILLAS

Esto puede sonar extraño, ¡pero lavar las gorras en el lavavajillas funciona muy bien!

Es más suave para la visera de la gorra en comparación con lavarlas en la lavadora y las gorras quedan como nuevas. Así que recuerda probar esto antes de decidir tirar una gorra sucia.

NECESITAS

- Lavavajillas
- Pastillas para lavavajillas, ½

PASOS A SEGUIR

1. Coloca la gorra de lado, en el lavavajillas vacío, en la cesta superior.
2. Inicia un programa de lavado normal a temperatura baja con media pastilla de lavavajillas.
3. ¡Listo!

ANTES:

DESPUÉS:

¡CONSEJO! Aprovecha para lavar las gorras junto con el Lego (ver página 180)

143

SECA LA ROPA A TEMPERATURA BAJO CERO

NECESITAS

• Temperaturas bajas, al menos 5 grados bajo cero (preferiblemente incluso más frío).

¿Sabías que puedes secar la ropa al aire libre a temperaturas bajo cero? Olvídate de los detergentes y suavizantes perfumados, ¡porque la colada que se ha secado fuera, a temperatura bajo cero, huele de maravilla! Huele cien veces mejor que la ropa que se ha dejado secar al aire libre un caluroso día de verano. Y piensa en toda la energía que se ahorra en comparación con el uso de secadoras/armarios de secado. ¡Bueno, tanto para el bolsillo como para el medio ambiente! También se evita la humedad que genera en el ambiente el secado de la ropa en interiores.

PASOS A SEGUIR

1. Cuelga la ropa limpia y húmeda en un tendedero en el interior y sácalo a la terraza o al balcón. Espera un día o una noche.

2. Recoge la colada que parece de cartón y deja que la escarcha que se haya formado se seque en el interior, por ejemplo, en el recibidor.

3. ¡Listo!

LIMPIA LA ALFOMBRA EN LA NIEVE

NECESITAS

- Aspiradora
- Nieve
- Cepillo de barrendero con mango

En invierno, cuando hay nieve, es perfecto aprovechar para limpiar las alfombras. Lavar las alfombras de esta manera es eficiente, respetuoso con el medio ambiente y, en realidad, ¡bastante divertido! Una manera perfecta para que los niños de todas las edades ayuden con las tareas domésticas. La nieve polvo es la mejor para el lavado de alfombras.

PASOS A SEGUIR

1. Aspira la alfombra.

2. Deja que la alfombra cuelgue fuera durante una hora. Esto es con el fin de que la alfombra esté tan fría que la nieve no se derrita sobre ella.

3. Coloca la alfombra boca abajo en la nieve y golpéala para eliminar el polvo y la suciedad que la aspiradora no pudo quitar.

4. Dale la vuelta a la alfombra y colócala en un nuevo lugar. Echa mucha nieve encima y frota con el cepillo.

5. Sacude la alfombra, dale la vuelta y colócala en un nuevo lugar. Repite este procedimiento varias veces.

6. Entra la alfombra a casa y cuélgala sobre algunas sillas o similar para que la humedad se pueda secar.

7. ¡Listo!

Ahora tienes una alfombra realmente limpia, sin usar ni un solo producto químico dañino.

El método funciona muy bien con alfombras de lana.

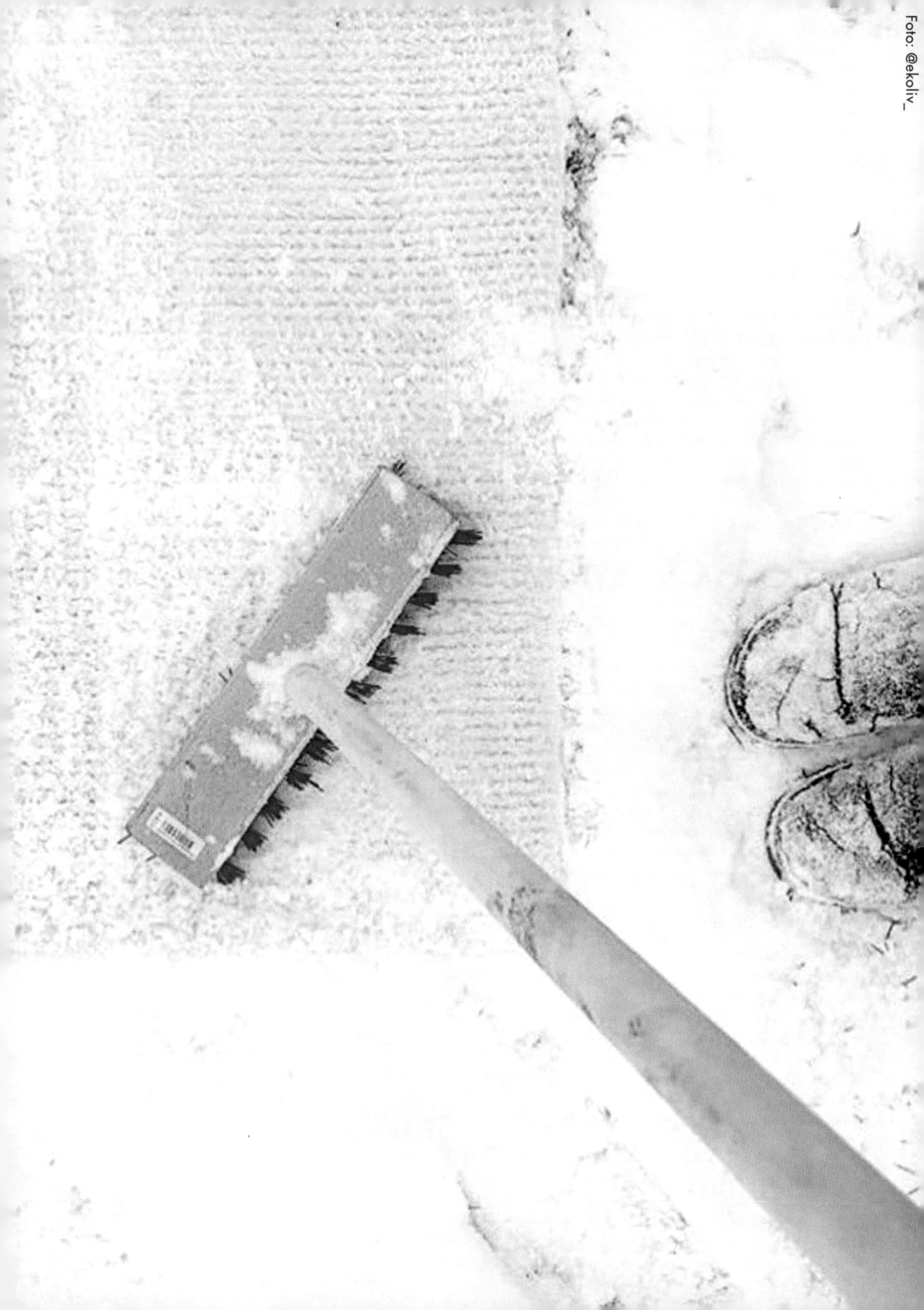

Foto: @ekoliv_

SUELAS DE ZAPATILLAS, BLANCAS CON BICARBONATO

NECESITAS

• Pasta de bicarbonato (ver página 17).

No son solo las juntas de los azulejos las que quedan limpias con el bicarbonato. Incluso las suelas de las zapatillas y las botas de goma quedan como nuevas. Simple, económico y sin productos químicos nocivos.

PASOS A SEGUIR

1. Frota las suelas de los zapatos con el cepillo de dientes y la pasta de bicarbonato.

2. Limpia con un paño húmedo.

3. Para las manchas en la parte superior del zapato (textil o cuero), usa un paño húmedo con un poco de bicarbonato y frota suavemente.

4. ¡Listo!

LIMPIA LAS BOTAS DE AGUA

NECESITAS

• Pasta de bicarbonato (ver página 17).

• Estropajo.

PASOS A SEGUIR

1. Unta una capa de pasta de bicarbonato sobre las botas. Dejar actuar durante 5 minutos.

2. Frota con el lado suave del estropajo y enjuaga las botas con agua.

3. ¡Listo!

Lustra las botas con un poco de jabón después de que se hayan secado. Esto vuelve a engrasar la superficie, lo que contrarresta las grietas.

PASTA DE BICARBONATO

SALVA ZAPATOS MALOLIENTES CON BICARBONATO

¿Sabías que con la ayuda del bicarbonato puedes conseguir que los zapatos malolientes se vuelvan completamente inodoros? Barato, suave, respetuoso con el medio ambiente y puede salvar los zapatos de la basura.

NECESITAS

• Bicarbonato, aproximadamente ½ dl.

PASOS A SEGUIR

1. Vierte el bicarbonato en una capa lo más uniforme posible sobre la plantilla interior de los zapatos y déjalo reposar durante la noche.

2. Tira el bicarbonato y aspira los restos sobrantes.

3. ¡Listo!

Funciona en zapatillas, botas, botines y otros tipos de zapatos, incluso en patines.

TIÑE TEJIDOS CON PIEL DE CEBOLLA

NECESITAS

(Para una camiseta de tamaño adulto)

• 2 cacerolas grandes

• Pieles de 10-15 cebollas, cuanto más pongas, más intenso será el color

• Alumbre (20 gramos por cada 200 gramos de textil, que es aproximadamente lo que pesa una camiseta de tamaño adulto)

• Una prenda, como una camiseta

Las prendas manchadas y descoloridas pueden teñirse fácilmente de amarillo con piel de cebolla. Perfecto también si quieres renovar prendas y textiles de los que estés cansada. Con alumbre (disponible en tiendas especializadas), el color se fija mejor y se mantiene después de los sucesivos lavados. Puedes hacer dibujos con la ayuda de cuerdas. Haz un nudo alrededor de un trozo de tela en distintos lugares de la prenda y luego tiñe. Usa tus propias pieles de cebolla, o pregunta en tu tienda de comestibles si te las pueden facilitar. A veces las recogen en un recipiente cuando se venden a granel.

PASOS A SEGUIR

1. Vierte 4 litros de agua en una de las cacerolas. Calienta a unos 40 grados, es decir, un poco más caliente que tu dedo. En esta cacerola, se fijará el color con alumbre.

2. Disuelve el alumbre y mete la camiseta. Deja que el agua y la camiseta casi hiervan durante 1 hora (mantén a unos 90 grados).

3. Vierte 4 litros de agua en la segunda cacerola y agrega las pieles de cebolla. Deja que el agua casi hierva durante 1 hora (mantén a unos 90 grados). Esta será el agua amarilla que luego teñirá la camiseta.

4. Desecha el agua con alumbre en el fregadero, pero deja la camiseta en la cacerola.

5. Echa el agua de las pieles de cebolla a través de un colador sobre la camiseta. Deja que el agua casi hierva durante 1 hora (mantén a unos 90 grados). Enjuaga la camiseta y lávala a mano o en la lavadora.

¡Consejo! Usa pieles de cebolla roja para teñir la prenda de verde en lugar de amarillo.

6. ¡Listo!

SALÓN

En este capítulo te daré consejos sobre todo tipo de cosas, desde renovar jarrones y macetas viejas con bicarbonato y pintura, hasta un método supersencillo para limpiar las ventanas sin rascar ni que queden rayas. También te contaré cómo salvar el sofá manchado.

LIMPIACRISTALES MILAGROSO INOCUO AL MEDIO AMBIENTE

NECESITAS

• Vinagre de alcohol (12 %), 2 dl

• Lavavajillas líquido (preferiblemente con ecoetiqueta), aproximadamente 5 gotas

• Agua, 3 dl

• Botella con pulverizador vacía (preferiblemente reutilizar una botella de cristal vacía + una boquilla de pulverización vieja)

• Paño de microfibra húmedo

• Paño de microfibra seco

• Un cubo de agua tibia/caliente.

¡OJO! Asegúrate de que la boquilla de pulverización da un haz y no una «nube» de pequeñas gotas. Entonces huele menos a vinagre y evitas inhalar el espray. Asegúrate de manejar el vinagre de alcohol con cuidado y vigila con los ojos. El vinagre de alcohol no debe ser utilizado en piedra natural ya que el ácido provoca manchas. Mantenlo fuera del alcance de los niños.

Este increíble espray comenzó como un limpiacristales para ventanas, espejos, mamparas de ducha y otras superficies brillantes, pero luego se ha ampliado su uso. Mis seguidores y yo experimentamos más y descubrimos que es perfecto contra las algas/musgo en las cercas, fachadas de casas y tejados de pérgolas, llantas de automóviles, patios descuidados y muebles de jardín, jarrones empañados, arañas de cristal, invernaderos y mucho, mucho más.

A continuación, describiré un método suave y rápido sobre para limpiar tus ventanas y dejarlas transparentes sin tener que usar un raspador de ventanas, que fácilmente deja rayadas y otros desperfectos.

Lee más sobre el vinagre de alcohol en la página 10.

PASOS A SEGUIR

1. Vierte todos los ingredientes en la botella.

2. Coloca la boquilla de pulverización y agita ligeramente.

3. Rocía generosamente con el limpiacristales por toda la ventana y frota con un paño de microfibra húmedo. Enjuaga el paño de microfibra después de cada ventana en el agua del cubo para que esté siempre razonablemente limpio. Cambia el agua si es necesario.

4. Seca completamente con un paño de microfibra seco.

5. ¡Listo!

Consulta la página 192, 193, 197, 199 para obtener algunos de los consejos sobre cómo usar el limpiacristales milagroso.

SALVA LA BUTACA/EL SOFÁ MANCHADO

NECESITAS

- Paño de microfibra
- Cubo de agua
- Bicarbonato
- Limpiacristales milagroso (ver página 16).

¡Vaya, qué diferencia! Aquí @aalindholm ha limpiado (respetando el medio ambiente) una butaca que los niños habían manchado. ¿Quién hubiera pensado que podría quedar tan bien? Hizo lo siguiente:

PASOS A SEGUIR

1. Humedece toda la tela sumergiendo el paño de microfibra en el cubo y luego frotando para impregnarla con agua.
2. Espolvorea una capa de bicarbonato sobre toda la superficie (en este caso, se requirieron varias cucharadas soperas).
3. Rocía el limpiacristales sobre el bicarbonato para que comience a burbujear un poco, alrededor de 10 pulverizaciones. Aquí es mejor si la boquilla de pulverización proporciona una «nube» uniforme en lugar de un haz directo. A pesar de que normalmente el uso es al revés, para evitar el olor a vinagre.
4. Espera unos 5 minutos.
5. Frota bien con el paño de microfibra y enjuágalo en un cubo de agua limpia. (Casi con toda probabilidad, el agua se volverá marrón.).
6. Elimina cualquier exceso de bicarbonato.
7. Sécalo al sol o con el secador de pelo.
8. ¡Listo!

¡OJO! Trata toda la tela para evitar marcas de agua, es decir, no solo las manchas.

ANTES:

DESPUÉS:

Foto: @aalindholm

SALVA LOS MUEBLES DE MADERA DE PINO

Muchos muebles de pino macizo de la década de 1970-90 se tiran, porque son difíciles de vender, e incluso difíciles de regalar. Al mismo tiempo, se venden muebles nuevos y caros de madera contrachapada, que luego se tiran rápidamente ya que rara vez se pueden reparar o arreglar. Sin mencionar cuánto cuestan los muebles de madera maciza nuevos.

¡No podemos seguir así! Mirad lo bien que quedó la vieja vitrina de @husetiforsbyn con un poco de pintura. Queda bien incluso en las viviendas más modernas.

PASOS A SEGUIR

1. Limpia el mueble con el limpiacristales milagroso y un paño.
2. Lija la superficie para que la pintura se adhiera mejor. Limpia el polvo con el paño.
3. Coloca cinta de pintor en los tiradores/accesorios y alrededor de los cristales.
4. Cubre el suelo con periódicos y pinta con imprimación.
5. Cuando la pintura base se haya secado: pinta con pintura de carpintería.
6. ¡Listo!

ANTES:

DESPUÉS:

Foto: @husetiforsbyn

NECESITAS

• Limpiacristales milagroso (ver página 16)

• Paño

• Papel de lija grueso

• Cinta de pintor

• Periódicos para proteger el suelo

• Imprimación y pintura de carpintería, preferiblemente con ecoetiqueta

• Rodillos de goma espuma, bandeja de pintura y pincel para donde el rodillo no pueda acceder

• Plástico adhesivo para colocar en el fondo de la bandeja de pintura con el objetivo de evitar limpiar la bandeja (la pintura no debe tirarse por el desagüe).

¡Consejo! Mira el hashtag #räddafurumöblerna en Instagram para inspirarte.

TRATA SUELOS DE MADERA CON JABÓN DE ACEITE DE LINAZA

NECESITAS

- Jabón de aceite de linaza
- Agua fría
- Cepillo de barrendero con mango
- Fregona

Si tienes un suelo que no esté lacado, puedes tratarlo con jabón de aceite de linaza. Un suelo que se trata con jabón de aceite de linaza se vuelve duradero, es agradable caminar sobre él y es muy hermoso. Piensa en los suelos de madera de las casas antiguas, donde todos caminaban con zapatos en el interior todo el año. Solo se trataban con jabón de aceite de linaza 1-2 veces al año, y el resto del tiempo, se aspiraban y fregaban con fregona. Sin embargo, los suelos recién colocados deben tratarse con jabón de aceite de linaza unas cinco veces en el primer año. Los suelos tratados con jabón de aceite de linaza tienen un tono ligeramente más claro que el suelo sin tratar.

PASOS A SEGUIR

1. Retira los muebles de la estancia y aspira el suelo a fondo.
2. Remoja algunos tablones con la fregona y el agua fría.
3. Mezcla 3 decilitros de jabón de aceite de linaza en un cubo con aproximadamente 10 litros de agua fría.
4. Frota los tablones húmedos con el agua jabonosa del cubo en la dirección de los tablones.
5. Remoja algunos tablones más con agua fría y frota también estos tablones con el agua jabonosa. Continúa de la misma manera hasta que todo el piso esté fregado.
6. Friega el suelo con abundante agua fría.
7. Quita el exceso de agua con la fregona y escúrrela frecuentemente.
8. ¡Listo!

¡OJO! Usa siempre agua fría para fregar, ya que el agua tibia hace que el suelo quede gris. Nunca viertas el jabón directamente sobre un suelo de madera seco, ya que puede causar manchas.

Repite el procedimiento 1-2 veces al año. El resto del año, friega el suelo con agua y jabón de aceite de linaza (un cubo de agua tibia y unas cucharadas soperas de jabón de aceite de linaza).

LIMPIA LA ESTERILLA DE YOGA/GIMNASIA

Si tienes una esterilla de yoga/gimnasia sucia, puedes limpiarla con el limpiacristales milagroso. La esterilla queda limpia y fresca y los malos olores desaparecen.

NECESITAS

- Limpiacristales milagroso (ver página 16)
- Paño de microfibra.

PASOS A SEGUIR

1. Rocía el limpiacristales milagroso sobre la esterilla de yoga.

2. Frota toda la esterilla con un paño de microfibra.

3. ¡Listo!

LIMPIA LA PUERTA DE CRISTAL DE LA CHIMENEA

¿La puerta de cristal de la chimenea está tan sucia que ya no ves las llamas? Aquí tienes una solución simple a ese problema.

NECESITAS

- Limpiacristales milagroso (ver página 16)
- Estropajo
- Paño de microfibra seco

PASOS A SEGUIR

1. Rocía el limpiacristales milagroso sobre el cristal y frota con el lado áspero de un estropajo húmedo. Enjuaga el estropajo varias veces y continúa frotando con más limpiacristales hasta que el cristal esté limpio.

2. Termina secando con un paño de microfibra.

3. ¡Listo!

Otra opción es frotar el cristal con un papel de periódico mojado y las cenizas de la chimenea.

LIMPIA LATÓN RÁPIDAMENTE

Limpiar el latón de manchas verdes y secas de cera es supersimple. Todo lo que necesitas es agua caliente y un paño. ¡Así que recupera viejas reliquias, o compra algunos candelabros de latón en un mercadillo y renuévalos!

PASOS A SEGUIR

1. Rasca la cera con cualquier herramienta de madera o plástico.

2. Mantén medio candelabro en una cacerola medio llena de agua hirviendo durante 15 segundos. Saca el candelabro y frota la mitad caliente con un paño. Usa agarradores para no quemarte.

3. Repite el tratamiento con la otra mitad.

4. Deja que el agua de la cacerola se enfríe, luego cuela la cera solidificada. Desecha la cera por separado para evitar que acabe en el desagüe. Otra alternativa es verter el agua a través de un filtro de café.

5. ¡Listo!

Para un brillo extra: pule el candelabro con un paño de microfibra mojado en un poco de vinagre de alcohol y bicarbonato.

NECESITAS

- Agua caliente
- Paño
- Agarradores
- Filtro de café, opcional.

PARA PULIR

- Paño de microfibra
- Bicarbonato
- Vinagre de alcohol

PINTA CON BICARBONATO Y RESTOS DE PINTURA

NECESITAS

• Restos de pintura de pared, aproximadamente 4 partes

• Bicarbonato, alrededor de 2 partes (cuanto más bicarbonato apliquemos más rugosa quedará la superficie)

• Pincel

• Algo para pintar, por ejemplo, porcelana, vidrio o madera.

Si tienes jarrones y macetas viejas en casa y ya te has cansado de verlos, puedes intentar pintarlos con restos de pintura y bicarbonato. Queda superbien, y recuerda a la cerámica/gres. Recogí unos juncos y cardos en el campo y los puse en los jarrones. ¡Estoy muy contenta con el resultado!

PASOS A SEGUIR

1. Mezcla la pintura de pared con el bicarbonato.

2. Pinta sin cuidado. Queda bien si se pinta de manera desigual dejando las marcas de las pinceladas visibles.

3. Deja secar

4. ¡Listo!

DORMITORIO

¿ Qué padre de niños pequeños no ha sufrido un accidente con la orina y el colchón como involucrados? Aquí tienes la solución para manchas recientes y secas, así como el protector de colchón perfecto para evitar más accidentes. También comparto un consejo de la abuela contra la tos nocturna que ha salvado muchas noches en mi familia.

MAGIA ANTITÓS

NECESITAS

- Cebolla ecológica, 1
- Plato hondo
- Agua hirviendo

Esto funciona cada vez que alguien en mi familia tiene tos por la noche. Notar cómo la tos desaparece después de unos pocos minutos, para que el que está pachucho pueda seguir durmiendo, ¡es simplemente mágico! Este consejo de la abuela también puede ser útil en caso de congestión nasal fuerte.

PASOS A SEGUIR

1. Corta la cebolla en rodajas. Pon las rodajas en un plato hondo.

2. Vierte agua hirviendo sobre la cebolla para que casi la cubra y coloca el plato al lado de la cama (en el suelo o en la mesita de noche) en el lado donde el pachucho tenga la cabeza.

3. ¡Duerme y disfruta de una noche sin tos!

¡Consejo! Es mejor usar cebollas realmente fuertes, las que te hacen llorar fácilmente al cortarlas.

QUITA MANCHAS RECIENTES DE ORINA FRESCA EN LA CAMA

NECESITAS

- Toallas
- Bicarbonato
- Un cepillo o similar

La mayoría de las personas con niños pequeños o mascotas probablemente han experimentado la mancha ocasional de orina en el colchón. Afortunadamente, es posible eliminar tanto los olores como las manchas de la orina con bicarbonato, ya sean manchas recientes o secas. Los métodos también se pueden utilizar en alfombras manchadas con orina. Mira en el próximo consejo cómo lidiar con las manchas secas.

PASOS A SEGUIR

1. Absorbe la mayor cantidad de orina posible con toallas.

2. Espolvorea el bicarbonato hasta crear una buena capa y deja actuar durante unas horas.

3. Retira la mayor cantidad de bicarbonato posible con un cepillo. Aspira el resto.

4. Si es posible: ventila el colchón al aire libre.

5. ¡Listo!

QUITA MANCHAS SECAS DE ORINA EN LA CAMA

NECESITAS

- Pasta de bicarbonato (ver página 17)
- Paño de cualquier material
- Fécula de patata, opcional.

¿Quién hubiera pensado que un colchón infantil manchado podría quedar tan bien? ¡Bravo por @fia_grundin, que usó el truco con pasta de bicarbonato con este increíble resultado!

PASOS A SEGUIR

1. Frota la pasta de bicarbonato firmemente sobre las manchas con un paño.

2. Deja actuar durante aproximadamente 1 hora. Luego retira la mayor cantidad de bicarbonato posible con un cepillo y aspira el resto.

3. Repite si las manchas no han desaparecido por completo.

4. Ventila el colchón al aire libre si es posible.

5. ¡Listo!

Si la tela todavía está húmeda después del tratamiento: espolvorea fécula de patata, espera una hora y luego aspira la fécula. La fécula de patata absorbe la humedad.

ANTES:

DESPUÉS:

Foto: @fia_grundin

AIREA PRENDAS USADAS UNA VEZ

Si solo has usado una prenda una vez, o tal vez solo por unas pocas horas, a menudo puede ser innecesario lavarla. En cualquier caso, tampoco está bien doblar la prenda y meterla en el armario. (Aunque la ropa solo se haya utilizado durante unas horas, puede atraer bichos al armario.)

Estas prendas terminan fácilmente en una pila creciente en una silla del dormitorio. Y finalmente se acaban lavando... ¡Mi mejor solución para estas prendas son los ganchos! Las prendas se pueden colgar en perchas y luego en el gancho y son claramente visibles. Además, las prendas se notan más frescas cuando se cuelgan aireadas en lugar de tiradas en una pila. Las posibilidades de usar las prendas una vez más aumentan significativamente.

Una solución sencilla son aquellos ganchos que puedes colocar en la parte superior de la puerta (que son baratos en, entre otros, IKEA). Entonces no tienes que taladrar ni preocuparte, y cuando la puerta está abierta, la ropa no es visible. Otra alternativa, un poco menos eficiente en cuanto a superficie, pero más elegante, es tener un perchero independiente con perchas en la habitación.

DOBLA Y GUARDA LA ROPA DE CAMA

Una forma inteligente de almacenar la ropa de cama es doblar la funda nórdica o sábana y ponerla dentro de una funda de almohada del conjunto, como un paquete pequeño. Entonces no tienes que buscar la funda de almohada adecuada para esa funda nórdica o esa sábana concreta, y también queda mucho mejor en el armario.

PROTECTOR DE COLCHÓN DE LANA TRATADA SIN PLÁSTICO

NECESITAS

• Manta 100 % lana, preferiblemente ecológica

• Jabón, preferiblemente de aceite de linaza, unas cucharadas

• Tratamiento para limpiar lana, 1,5-2 dl

• Agua caliente, unos 7 litros

• Bañera o barreño

• Toalla de baño grande.

¡OJO! No limpies mantas de lana antiguas (de los años 50-70). Pueden estar tratadas con el insecticida DDT, ahora prohibido, que es poco probable que pueda quitarse lavando. Hay grupos de Facebook donde se pueden comprar mantas de lana ecológica de segunda mano.

Si deseas evitar un protector de toalla y plástico que te hará sudar, hay una alternativa completamente natural e impermeable: ¡usar una manta de lana tratada! La lana es un material muy cómodo para dormir porque transpira y no te hace sudar ni pasar frío.

El tratamiento de la lana permite que la manta se impregne de forma natural con la propia grasa de la lana, es decir, la lanolina. Después de eso, la lana resiste la humedad, al igual que cuando llueve sobre una oveja.

Y ahora lo mejor: la lanolina forma sustancias jabonosas cuando entra en contacto con la orina. Esto significa que en realidad no se tiene que lavar la manta de lana cuando se mancha con orina, ya que la grasa de la lana hace que la manta se limpie sola.

Todo lo que tienes que hacer es secar y airear la manta de lana después de cada mancha de orina. Preferiblemente en el exterior, o, si no es posible, en una ventana.

PASOS A SEGUIR

1. Trata la manta de lana lavándola a 60 grados en la lavadora. Usa jabón de aceite de linaza u otro jabón como detergente. Esto hace que la manta se enrede, se encoja y se vuelva más densa. No seques la manta.

2. Agita la botella con el tratamiento para la lana y mézclalo con el agua tibia en una bañera o barreño. Remueve hasta que se haya disuelto.

3. Sumerge la manta recién lavada y mojada cuando el agua se haya enfriado a unos 30 grados. Remueve y aprieta la manta varias veces con las manos para que toda la superficie absorba el agua. Deja reposar durante la noche.

4. Escurre tanta agua como puedas de la manta. Luego enróllala en la toalla de baño y písala para que salga más líquido. Cuelga la manta para que se seque.

5. Coloca la manta en la cama con una toalla de baño grande encima y luego pon la sábana. (La toalla de baño absorbe la mayor parte de la orina.)

6. ¡Listo!

Lava la toalla de baño después de cada accidente con orina y airea/seca la manta de lana. Evita lavar la manta de lana, ya que tendrá que volver a tratarse después de algunos lavados.

Cuando la manta ya no sea necesaria como un protector de colchón, puedes cortarla para tener protectores contra el frío para sillas, que también son repelentes de la humedad.

HABITACIÓN INFANTIL

odos estos juguetes que se extienden por todas partes... ¿Cómo evitar tener la habitación de los niños llena de chismes de los que se han cansado hace mucho tiempo? ¿Cómo conseguir que tus hijos ayuden a limpiar? En este capítulo te contaré cómo conseguirlo y además disfrutar de un ambiente más saludable en la habitación infantil. ¡También te recomiendo tres recetas fáciles y baratas para hacer arcilla casera!

LIMPIA Y TIRA LOS JUGUETES QUE NO SE USAN

Mis hijos siempre han jugado mucho más cuando sus habitaciones estaban razonablemente organizadas. Lo más importante para poder mantener una habitación infantil lo más ordenada posible, creo, es tener a mano solo los juguetes con los que los niños realmente juegan. Trata de quitar, de forma regular, los juguetes que solo ocupan espacio y dificultan la limpieza. Empaqueta los juguetes de los que los niños están cansados en cajas y colócalos en el trastero, el sótano o en el desván. Estos juguetes serán mucho más apreciados cuando, más adelante, se vuelvan a sacar.

Pedir juguetes con los que se pueda jugar

Las listas de deseos de regalos para Navidad y cumpleaños creo que son buenas para evitar que los niños reciban juguetes de los que rápidamente se cansarán. También es conveniente para reducir el riesgo de que los niños reciban muchos juguetes hechos de materiales cuestionables. Mis hijos siempre han jugado principalmente con Lego, un buen regalo y de fácil acceso en todos los rangos de precios. El Lego se supone que también es una opción correcta si tenemos en cuenta los materiales. Si los niños reciben juguetes de la misma serie de Lego, no tienes que encontrar una nueva ubicación de almacenamiento para estos, lo que facilita el mantenimiento del orden. Los libros son otro clásico de las listas de deseos. ¡Solo con colocarlos en la estantería ya aportan alegría durante mucho tiempo!

Un buen sitio para sentarse

Siempre hemos tenido una gran alfombra de lana en la habitación donde juegan los niños.

Sobre ella han pasado muchas horas construyendo con Lego. Si hay algo que recomendaría a los padres de niños pequeños, es comprar una acogedora alfombra de lana grande. La lana es cálida, naturalmente ignífuga, repelente a la suciedad y se limpia sola. Simplemente cuelga la alfombra un día húmedo y se limpiará sola. También se puede lavar la alfombra en la nieve (ver página 146).

Libre de polvo

Los productos químicos nocivos de productos electrónicos, los muebles y los juguetes se adhieren al polvo, por lo tanto, es bueno mantenerlo todo lo más limpio posible. Un consejo simple es, además de pasar la aspiradora regularmente, tener como rutina airear y dejar que el aire fresco entre en el dormitorio a la hora de acostarse.

Evita el plástico viejo y blando

El plástico viejo a menudo contiene productos químicos más dañinos que el plástico nuevo. Evita también el plástico blando, ya que puede contener y liberar ftalatos disruptores endocrinos.

Evita los juguetes fabricados fuera de la UE

Fuera de la UE, las leyes sobre sustancias químicas no son tan estrictas como dentro de ella. Por lo tanto, elige productos fabricados en la UE.

Evita aparatos electrónicos

Evita tener televisores, videojuegos y ordenadores en la habitación de los niños, ya que a menudo se tratan con retardantes de llama y también contienen otras sustancias nocivas.

Estudios han demostrado que el polvo más cercano a la electrónica a menudo contiene sustancias que se desea evitar que los niños ingieran.

Plantas como purificadores de aire

Se dice que algunas plantas son particularmente buenas para purificar el aire de productos químicos dañinos, por ejemplo, la lengua de suegra y el espatifilo. Este último, sin embargo, es tóxico para los gatos.

Los ftalatos son un grupo de sustancias utilizadas para hacer que el plástico sea blando. Algunos ftalatos son disruptores endocrinos, o se sospecha que lo son.

LIMPIA EL LEGO EN EL LAVAVAJILLAS

NECESITAS

- Lego
- Bolsas para lavadora
- Lavavajillas
- Pastillas para el lava-vajillas, ½

¿Sabías que puedes limpiar el Lego en el lavavajillas? Una forma sencilla de limpiarlo. ¿Por qué no comprar Lego de segunda mano, limpiarlo y dárselo a los niños como regalo en lugar de comprarlo nuevo?

PASOS A SEGUIR

1. Introduce los Lego en una bolsa para lavadora y ponla en el lavavajillas vacío.

2. Pon un programa a máximo 40 grados con media pastilla para el lavavajillas.

3. ¡Listo!

Los Lego también se pueden limpiar en la lavadora. Elige un programa de máximo 40 grados sin centrifugado. Pon las piezas en una bolsa para lavadora y mete también unas toallas para reducir el ruido. Usa poco detergente..

QUITA LAS PEGATINAS

NECESITAS

- Aceite de cocina
- Espátula de madera o similar
- Bicarbonato, opcional
- Lavavajillas líquido
- Estropajo

A los niños les encanta llenar paredes, puertas y muebles con pegatinas. Sin embargo, pasado un tiempo, pueden ser difíciles de quitar. @laasnick me pidió consejo sobre cómo quitar todas las pegatinas que los niños habían puesto en la puerta. ¡Este fue el resultado!

PASOS A SEGUIR

1. Unta una capa de aceite de cocina sobre las pegatinas y déjalo actuar durante unos 15 minutos.

2. Rasca con cuidado con la espátula hasta quitar las pegatinas.

3. Si es necesario, aplica una nueva capa de aceite sobre el residuo adhesivo y déjelo actuar durante unos minutos.

4. Frota el residuo de pegamento con el lado áspero del estropajo y detergente para lavavajillas.

5. ¡Listo!

Para superficies delicadas: intenta disolver el pegamento con un secador de pelo en lugar de con aceite. No funciona en todos los tipos de pegamento, pero vale la pena intentarlo.

ANTES:

DESPUÉS:

Foto: @laasnick

RENUEVA LOS ROTULADORES SECOS

En lugar de tirar los rotuladores con la tinta seca por haber estado sin el tapón durante mucho tiempo, colócalos con la punta hacia abajo en un poco de vinagre de alcohol durante unos minutos, ¡y casi volverán a estar como nuevos! Pero primero prueba con un solo rotulador, porque esto no funciona en algunas marcas.

NECESITAS

- Vinagre de alcohol 12 %
- Un vaso

ARCILLA CASERA ECOLÓGICA

Esta arcilla no mancha, es sencilla de hacer y se parece a la plastilina clásica con la que puedes hacer fácilmente pequeñas figuras. ¡Lo más probable es que ya tengas todos los ingredientes en casa!

NECESITAS

- Harina de trigo, 2,25 dl
- Sal, 1 dl
- Aceite de cocina, ½ cucharada sopera
- Zumo de limón o lima recién exprimido, 1 cucharada sopera
- Agua hirviendo, 2,25 dl
- Tinturas, opcional (yo teñí con cúrcuma, espirulina azul y colorante alimentario rojo).

PASOS A SEGUIR

1. Mezcla la harina y la sal en una cacerola.
2. Agrega el aceite, el zumo de limón, el agua caliente, el colorante y remueve.
3. Coloca la cacerola a fuego medio y remueve hasta que la masa se suelte de las paredes de la cacerola.
4. Deja que la masa se enfríe y luego amásala bien.
5. ¡Listo!

Guarda la arcilla en un frasco con una tapa hermética o en una bolsa de plástico y úsala una y otra vez. Dura meses.

SLIME/OOBLECK – ARCILLA MÁGICA

¡Esta mágica arcilla líquida es igual de divertida para mayores que para pequeños! Cuando amasas el líquido, se endurece y, cuando lo sueltas, se licua. Se puede golpear el líquido sin que salpique, y si eso no fuera suficiente, es realmente fácil de limpiar a diferencia de muchas variedades de slime. No se puede conservar.

NECESITAS

- Almidón de maíz ecológico o fécula de patata, 4 dl
- Unas gotas de colorante alimentario
- Agua, 2 dl

PASOS A SEGUIR

1. Mezcla todos los ingredientes juntos en un tazón.
2. ¡Listo!

MASA SALADA TIPO PORCELANA

¡Me he obsesionado con esta masa! Una masa mágica cuya gran cantidad de sal facilita la construcción en altura y poder hacer esculturas sin que la masa se desmorone. Cuando la masa se ha horneado, se vuelve casi como porcelana. Artesanías superbaratas y fáciles, con ingredientes que ya tienes en casa. Fue mi madre quien me aconsejó esta masa, por lo visto la hacíamos cuando era niña. Algunas figuras siguen en pie todavía hoy.

Perfecto cuando quieras hacer tus propias decoraciones ecológicas para Navidad, Semana Santa y Halloween, en lugar de comprar nuevas. La masa no se puede guardar.

NECESITAS

- Harina de trigo ecológica, 3 dl
- Sal, 3 dl
- Agua hirviendo, 0,5-2 dl
- Pintura de colores, opcional. (¡Queda muy bien si se barniza!)

PASOS A SEGUIR

1. Mezcla todos los ingredientes y amasa hasta conseguir una masa consistente.

2. Haz tu obra de arte. En figuras más grandes, es bueno hacer un agujero debajo de la figura con un lápiz o similar.

3. Alisa las grietas y arrugas con un poquito de agua.

4. Hornea las figuras en el horno a 100 grados durante 3-6 horas, dependiendo del tamaño.

5. Pinta las figuras y deja secar.

6. ¡Listo!

¡OJO! Asegúrate de que los niños no se coman la masa ya que es muy salada. ¡Mantén las obras de arte y la masa fuera del alcance de las mascotas!

EXTERIORES

En este capítulo trataré sobre varios temas problemáticos del exterior. ¡Asuntos varios! Poner a punto los muebles de jardín, el invernadero, el balcón y la tapicería del coche. Y puedes hacer un recolector de manzanas casero para aprovechar todos los frutos en lugar de que se pudran en el jardín..

ADIÓS A LOS CUBOS DE BASURA APESTOSOS CON LARVAS DE MOSCA

NECESITAS

• Limpiacristales milagroso (ver página 16).

¿También estás harto de los cubos de basura en verano, llenos de moscas y sus larvas?

PASOS A SEGUIR

1. Rocía bien con el limpiacristales por todo el cubo de basura. Asegúrate de que esté en la posición de «nube» y no de haz, posición esta última que normalmente recomiendo para evitar el olor a vinagre.

2. Cierra la tapa.

3. ¡Listo!

Repite el procedimiento después de cada vaciado. Si tienes ganas, puedes enjuagar el cubo de basura antes de rociarlo, pero no es necesario. Si hace falta, rocía también directamente sobre las bolsas de basura dentro del cubo.

SALVA LOS MUEBLES DEL JARDÍN

NECESITAS

- Limpiacristales milagroso (ver página 16)
- Estropajo
- Cepillo de fregar
- Cubo con agua

¡Imagina cuántos hermosos muebles de jardín se podrían salvar del vertedero si todos supieran lo que se escondía debajo de la superficie gris verdosa! Aquí @skomakargardenmagnarp ha limpiado con el limpiacristales milagroso, y los muebles del jardín han quedado de maravilla.

PASOS A SEGUIR

1. Rocía una buena capa de limpiacristales milagroso, déjalo actuar durante unos minutos y frota.
2. Enjuaga con agua.
3. ¡Listo!

Dado que el vinagre del limpiacristales reseca, es bueno tratar los muebles después de la limpieza. ¡Entonces resisten mejor y duran más tiempo!

Foto: @skomakargardenmagnarp

QUITA LAS ALGAS/MUSGO DE LAS CERCAS, EL TEJADO DE LA PÉRGOLA Y DEL BALCÓN

¿Sabes esa capa lúgubre de algas/musgo y suciedad que tan fácilmente crece sobre las cercas, los tejados de la pérgola, los balcones y las fachadas de las casas? Se puede quitar muy fácilmente con el limpiacristales milagroso.

PASOS A SEGUIR

1. Rocía y cepilla.

2. Enjuaga con agua.

3. ¡Listo!

NECESITAS

- Limpiacristales milagroso (ver página 16)

- Estropajo

- Cepillo de fregar

- Cubo de agua

Foto: Moa Andersson

ANTES:

DESPUÉS:

Foto: @kimericahelena

LIMPIA LA TERRAZA DE MADERA SIN PRODUCTOS QUÍMICOS

NECESITAS

- Limpiacristales milagroso (ver página 16) (cantidad dependiendo del tamaño)

- Jabón de aceite de linaza, alrededor de 5 dl por cada 10 m² de superficie

- Cepillo de fregar

- Cubo con agua fría.

¡Mira cómo ha quedado esta terraza de madera! @marialivet eliminó la suciedad de 10 años con el limpiacristales milagroso. Trata con jabón de aceite de linaza después de limpiar para conseguir una superficie protectora y no tóxica.

PASOS A SEGUIR

1. Limpieza: rocía una buena capa de limpiacristales milagroso, déjalo actuar durante unos minutos y frota.

2. Acabado: friega la terraza de madera con agua fría y jabón de aceite de linaza dos veces. No enjuagues.

3. ¡Listo!

Foto: @marialivet

194

MATA LAS MALAS HIERBAS SIN PRODUCTOS QUÍMICOS NOCIVOS

En lugar de usar glifosato contra las malas hierbas, un herbicida tóxico, ¡usa el limpiacristales inocuo al medio ambiente! Las malas hierbas mueren en cuestión de 24 horas y el ácido acético se descompone en dióxido de carbono y agua.

Aquí @vicxchaos roció el limpiacristales sobre las malas hierbas en una mañana soleada. El resultado es del mismo día por la tarde. Sencillo y más duradero en lugar de comprar un gran bidón de vinagre para las malas hierbas.

Otra opción es verter agua hirviendo sobre las malas hierbas. O, por supuesto, la forma más respetuosa con el medio ambiente para quitar las malas hierbas: hacerlo manualmente.

NECESITAS

- Limpiacristales milagroso (ver página 16)
- Tiempo soleado

¡OJO! No rocíes demasiado cerca de las plantas que quieras conservar.

En Suecia se venden cada año 600-700 toneladas de glifosato. El glifosato mata toda la vegetación y es directamente tóxico para los organismos acuáticos. El glifosato reduce la biodiversidad a causa del empobrecimiento que supone para la capa superficial del suelo, lo que reduce significativamente su fertilidad.

Los suelos fértiles son importantes para hacer frente al cambio climático y al suministro de alimentos a largo plazo.

El glifosato es posiblemente también cancerígeno, y está relacionado con la infertilidad, malformaciones del feto y daños al sistema nervioso y los riñones.

Fuente: Sociedad Sueca para la Conservación de la Naturaleza

ANTES:

DESPUÉS:

Foto: @vicxchaos

LIMPIA LOS ASIENTOS SUCIOS DEL COCHE

NECESITAS

- Paño de microfibra
- Cubo de agua
- Bicarbonato
- Limpiacristales milagroso (ver página 16)

Uno de mis seguidores (que desea permanecer en el anonimato) compró un coche de segunda mano con la tapicería sucia. Esto lo remedió inmediatamente con el limpiacristales milagroso y bicarbonato. ¡Echa un vistazo al resultado!

PASOS A SEGUIR

1. Humedece toda la tela sumergiendo el paño de microfibra en el cubo y luego frotando para impregnar con agua la tela.
2. Espolvorea una capa de bicarbonato sobre toda la superficie, aproximadamente 2 cucharadas soperas por asiento.
3. Rocía alrededor de 10 pulverizaciones del limpiacristales sobre el bicarbonato para que comience a burbujear un poco. Aquí es mejor si la boquilla de pulverización proporciona una «nube» uniforme en lugar de un haz directo.
4. Espera unos 5 minutos.
5. Frota bien con el paño de microfibra y enjuágalo en un cubo de agua limpia. (El agua aquí finalmente se teñirá de marrón).
6. Elimina cualquier exceso de bicarbonato.
7. Sécalo al sol o con el secador de pelo.
8. ¡Listo!

¡OJO! Trata toda la tela y no solo las manchas para evitar marcas de agua.

ANTES:

DESPUÉS:

LIMPIA EL BARCO CON EL LIMPIACRISTALES MILAGROSO

BARCO

Aquí @annamariabladh ha limpiado su barco con el limpiacristales milagroso. ¡Absolutamente increíble!

PASOS A SEGUIR

1. Rocía, frota y enjuaga con agua limpia.

2. ¡Listo!

NECESITAS

- Limpiacristales milagroso (ver página 16)

- Estropajo.

- Cubo de agua.

Foto: @annamariabladh

QUITA EL ÓXIDO DE LA BICICLETA

BICICLETA

¡Eliminar el óxido de la bicicleta es increíblemente fácil! Incluso el óxido más difícil desaparece, perfecto si quieres ponerla a punto en primavera o aumentar su valor significativamente antes de una venta.

PASOS A SEGUIR

1. Humedece un poco de lana de acero jabonosa y frota/seca las superficies oxidadas.

2. ¡Listo!

NECESITAS

- Lana de acero jabonosa

- Paño de cualquier material

LIMPIA EL INVERNADERO

NECESITAS

- Limpiacristales milagroso (ver página 16)
- Estropajo
- Cubo con agua tibia/caliente
- Paño de microfibra seco

Madelene Lövgren usó el limpiacristales en un invernadero desastroso que había encontrado de segunda mano por unos míseros 20 euros. ¡Comprueba la diferencia!

PASOS A SEGUIR

1. Rocía bien con el limpiacristales milagroso y frota con un estropajo húmedo.

2. Enjuaga con agua limpia varias veces.

3. Seca con un paño de microfibra seco.

4. ¡Listo!

Foto: Madelene Lövgren

LIMPIA LOS JUEGOS DEL PARQUE INFANTIL

Pero ¿qué ha pasado aquí? Pues que @ms.ghiina fregó todo un parque infantil con el limpiacristales milagroso y quedó como nuevo! Mucho más atractivo para que los niños jueguen ahí. Además, ¡no tóxico, inocuo al medio ambiente y casi gratis!

PASOS A SEGUIR

1. Rocía, frota y enjuaga con agua limpia.

2. ¡Listo!

NECESITAS

- Limpiacristales milagroso (ver página 16)
- Estropajo
- Cepillo de fregar
- Cubo de agua

Foto: @ms.ghiina

199

RECOLECTOR DE MANZANAS GRATUITO

NECESITAS

- Botella de PET vacía
- Palo de madera largo
- Cinta de embalaje/ cinta americana
- Cuchillo de pan
- Tijeras

Cada año, cientos de miles de toneladas de manzanas se pudren en los jardines, mientras se importan muchas manzanas del otro lado del mundo. ¿Tienes manzanos pero te resulta difícil aprovechar la cosecha? Fabrica un recolector de manzanas y no tendrás manzanas podridas en lo alto del árbol. Con esta herramienta, será muy divertido recoger manzanas, especialmente para los niños que con este artilugio finalmente podrán alcanzar la fruta.

PASOS A SEGUIR

1. Corta el cuello de botella.

2. Recorta un cuadrado del tamaño de una manzana, con una punta en la parte inferior de la botella.

3. Inserta el palo de madera en el orificio donde estaba el cuello de la botella y fíjalo firmemente con la cinta de embalaje/cinta americana.

4. ¡Listo!

Recorta un
cuadrado del
tamaño de una
manzana

CONTENIDO

IMÁGENES

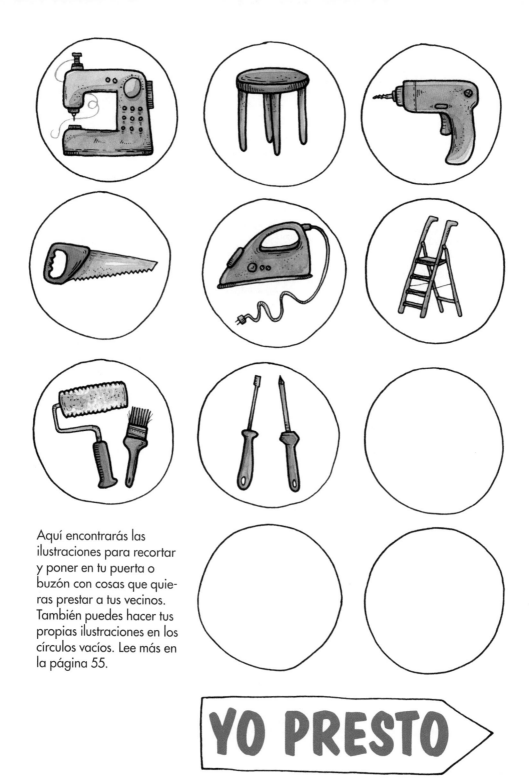

Aquí encontrarás las
ilustraciones para recortar
y poner en tu puerta o
buzón con cosas que quie-
ras prestar a tus vecinos.
También puedes hacer tus
propias ilustraciones en los
círculos vacíos. Lee más en
la página 55.

YO PRESTO

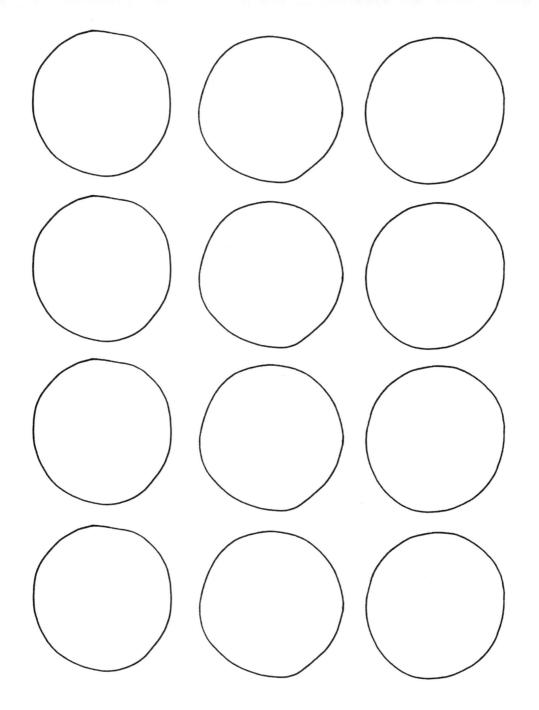

© Ellinor Sirén, 2022

© Traducción: Amanda Monjonell & Dea Marie Mansten, 2022

© Editorial Almuzara, S. L., 2022

Primera edición: noviembre, 2022

Arcopress • Colección Vida alternativa

Edición: Pilar Pimentel

www.arcopress.com

Síguenos en @ArcopressLibros

Impreso en Gráficas La Paz

ISBN: 978-84-11311-26-7

CO-1577-2022

Hecho e impreso en España - *Made and printed in Spain*